王蒙"放逐"新疆十六年

方蕤◎著

人民东方出版传媒

东方出版社

　　1957 年底受批判三天后拍摄的照片。小棉袄背在肩上，一脸的光明与潇洒，用王蒙自己的话说，"整个青年时代，我没有再照出过这样帅气的照片"

1957 年 1 月 28 日，王蒙与崔瑞芳结婚

1965 年 9 月，王蒙与崔瑞芳在赴新疆伊犁的路上合影，身后是天山的枞树林

1965 年，王蒙初到伊犁时拍摄的照片

王蒙（右一）与当地青年一起读书。右二为郜周安

1981年，王蒙重返巴彦岱，与老农伊斯哈克和小孙子合影

1981 年，王蒙（右三）与伊宁市巴彦岱人民公社的干部在一起

1981 年，王蒙（右二）回到巴彦岱，与维吾尔族乡亲们在一起

1981 年，王蒙回到巴彦岱，与村干部在当年劳作的农田里

1981 年，王蒙回到巴彦岱，与当年二大队党支部书记阿西穆·玉素甫在一起

王蒙在巴彦岱重温麦场上的工作——扬场

1990 年，王蒙重返新疆，为读者签名留念

1990 年，帕米尔高原下，王蒙夫妇与塔吉克乡亲们合影

1990 年，王蒙（右二）、崔瑞芳（左一）与阿卜都拉合曼全家合影

重印说明

　　本书首版于 1995 年 10 月。全书语言通俗生动，通过大量故事细节，展现了王蒙一家在新疆十六年的特殊经历，为我们打开了认识那个年代、认识王蒙的一个窗口。

　　为了满足广大读者需求，我社将其重印。本次重印封面、版式等进行了重新设计，内文增加了相关图片。

　　特此说明。

东方出版社

2020 年 12 月

目 录

序

两颗心的照耀

方 蕤：

　　接到你的来信真让人高兴，你写新疆生活的散文结集出版了，这真是一件大好事！初读它们时我曾多么希望有更多的读者能看到它。今天，这个愿望实现了。

　　记得三年前你在《人物》杂志上发表的第一篇散文《到新疆去》，我是在饭桌边从别人手中抢过来看完的。那段我们熟悉的生活、那个我们共同走过来的难忘的年代，在过去了十余年之后，你终于形诸文字了；此后，又看到了你一篇又一篇的续作，自然使我感到又见故人般的亲切。同我一样，这组散文也引起其他熟悉你们的新疆朋友的很大兴趣，互相传告着、谈论着文中写到的熟悉的生活、熟悉的人与事。

　　你让我写一点观感印象批评意见，可真把我吓住了。你知道我装满油盐酱醋的脑袋理不出有条理的思想；作为一个还在新疆生活的朋友，一个寻常百姓，只能东一榔头西一棒锤地说一点零零碎碎的感觉，说一点不无偏颇的女人之间的悄悄话，是登不得大雅之堂的。

读你的《王蒙——"放逐"新疆十六年》，带给我很大的喜悦。作为一个热爱王蒙作品的读者，像儿童发现世界，王蒙小说中的不少描写我都时不时从你的散文中得到了印证，得到了对照，得到了或更完整、或更感性、或更本真的认识，或在你的文中找到了某种原型。哦，原来真有其事，方蕤在这里点到了；哦，原来这么回事，都是王蒙亲身经历过的；噢，这不是《歌神》的来历吗？这不是《友人与烟》吗？方蕤写得不露痕迹……读着你的散文，王蒙作品中的人物、细节，像影片般从我眼前闪过，真是太有趣了。你的散文与王蒙的小说起到了互相注释、互相补充、互相生发、互相辉映的作用，真可谓"六经注我，我注六经"了。

说"互注"是太不够了，让我时时感到的是两颗心的彼此照耀。在风云八千里这一独特的人生旅程上，你们生死与共，患难相依，"只要在一起，就是到天涯海角也是幸福的"：两颗心发生了同一个声音。北京——乌鲁木齐——伊黎，离开家乡和亲人越来越远了，但你没有犹豫，没有怨尤，没有悔恨，义无反顾地与自己所爱的人挽臂同行，并以几近补度蜜月般的心情去面对前途渺茫的风雨旅程。

《山回路转去边城》写得多么好！"一路风光，一路深情，一路向往，一路感慨，似乎有说不完的话。"二台林区万古长青的天山雪松留下了你俩双双同赴南疆的俪影，看着这张相片，心中响起王蒙那句"什么叫伴侣？伴侣不就是旅伴吗？"

的妙语和那段"一路同行如一路青春的光互相照耀……"的优美的抒情文字；脑海中闪过你俩在革命的红旗下相遇相知，在新中国凯歌行进中互致布礼的结伴同行的青春。

每当我读《风风雨雨在边陲》中夜宿巴彦岱那段文字，鼻子就发酸。星斗闪烁，两心相照，无边的心事，却找了些无关的话来说。患难夫妻体贴入微之情催人泪下，没有切身感受是无法写得如此动情的。还有你反复描写的那扇亲切、美好而又让人担惊受怕的临街的窗，和王蒙那篇妙不可言的《临街的窗》是那样心心相印，令人难忘。彻夜无眠的窗内人和沉重的劳役之后夜行十里赶回来的窗外人心的感应、心的报偿把一切苦难都溶化了。谁能不为这铭心刻骨的爱感动呢？这是只有在患难中才能有的至情，拥有这种爱的人是幸福的。正是从这扇窗里我看到了两颗没有任何力量可以把它们分开的万劫无悔的心。不知为什么，我心中升起冰崖雪莲涤尽铅华更芳菲的风姿；不知为什么，我想起危难时刻英雄无畏地去救美人的感人场面；不知为什么，我想起俄国十二月党人的妻子们历经千难万险义无反顾地追随丈夫去西伯利亚流放地的那种至高到极的大德大美。请原谅这也许很不恰当，但我在读你的这组散文时确实感到了这种人间的至情大美。

读你的《王蒙——"放逐"新疆十六年》也使我想起前些年你那些或以王蒙或以方蕤署名的小说，构思奇特，文笔不凡。像王蒙戏称为"现代派扛鼎之作"的《磷火》，我读得云里雾里，半懂不懂，只觉得扑朔迷离之中蕴藏着无尽的人生，无法一眼看明白，更难用几句话说清楚。现在读了你的《王蒙——"放逐"新疆十六年》，似乎解开了些疙瘩，再回过头去看，好像比以前能读懂一些，明白一些了。那时我曾惊异于你一个多年从事物理教学的理工科大学毕业生，何以拿起笔来竟能写出如此奇特的作品。今天，我似乎也悟出了一点什么，真情是无文自华的，更何况，你本具文学气质，文字的灵光也是互相感染互相照耀的。

记得王蒙曾给我们讲过一篇题为《气压》的小说的构思，开头即从一系列数字写起。我惊异于他对科学知识的熟悉与内行。问他怎么懂得这么多，他说这不难，这类数据都是方蕤提供的。这使我明白了王蒙作品涉及科学知识的内容为什么能写得那样准确和细致，原来都有你的参与，闪耀着你的才智。一个默默的不落名的合作者。

我每读王蒙那些写得最好的爱情小说或小说中最优美最抒情的爱情片断，我就深深地感到，你正是这些作品的灵感之源。当我初读《如歌的行板》《布礼》《紫绸花服》《临街的窗》《春夜》《月光园》等篇章时，我就觉得这既是小说，又无一不是你们爱情的美丽动人的歌唱。读了你的《王蒙——"放逐"新疆十六年》，更证实和加深了我的这种感觉，而你的散文则用质朴平易的形式与王蒙同唱一支爱之歌。

"谁是我的源泉和我的见证？我的太阳和我的卫星？我的光辉和我的映象？我的歌我的火？"

像音乐的复调，我心中又响起你们反复的歌吟。

你用那支体察入微的笔写出了八千里风雨旅程上真实的王蒙。边疆大地上的生活，各族同胞亲如骨肉的友谊，普通人的真情，乃至檐下做窝的双燕，跑出二里地去迎接主人的"花儿"，忧郁深情的伊犁民族，像春风细雨般润物无声地抚慰和温暖着那颗独在异乡备受创伤的心。他感到生活依旧是光明和美好的，他全身心地沉入底层，与当地农民"三同"，孜孜不倦地自学维语，以赤子的情怀和过人的敏锐去感受一切新鲜事物，去发现生活的美好与强大。一个依然不失天真，依然充满向往的作家的王蒙。同时，你也毫不讳饰地写出了在那些阴郁的日子里，性格被扭曲的王蒙。你痛心地发现自己最亲近的人，一个不到 14 岁就参加革命，曾以天下为己任的少年布尔什维克，一个朝气蓬勃的共青团员的带头人，一个 19 岁就写《青春万岁》的才华横溢的作家，怎么有时会变得这样畏畏缩缩，诚惶诚恐，战战兢兢，忍气吞声？他不言写作，不要笔，也学着用抽烟喝酒来消愁解闷，用逗猫喂鸡来打发时间，劳动时他穿着最破烂的衣衫表示自己改造的决心。这一切别人也许不以为意，在那个不正常的年代，这几乎也是一种常态，你却看在眼里，痛在心里。你深知一条鱼被晾在沙滩上对回归大海的渴望。你深知"多少青春多少肌肉忽然展翅不飞"的生命被搁置的痛苦，你更深味他那连自己都觉得自己没用了的人间最大的悲哀。你用几乎是十分平静的语调，诉说家常般展示了一个并非超人也是普通人的王蒙，深刻地反映了那个特定的年代和一代知识分子心灵被扭曲的悲剧。从中，我更看到了一个用心灵灼热的光照耀着、温热着、润泽着另一颗心的你的温柔与刚强。

什么是伴侣？伴侣不就是旅伴吗？在人生的坎坷曲折的道路上，你们正是这样以沫相濡结伴而行。

作为一个也是女性的读者，自然还很希望能更多地读到你对家庭生活的描写，这是一方使多少伤痛和苦难得到濡养和化解的天地。像父子打雪仗、喜得小伊欢等片段都给我明亮温馨的感觉。记得 1985 年你俩重返新疆，王蒙在乌鲁木齐人民剧场讲演，你在听众的要求下第一次登台与大家见面，身着深蓝色的衣裤，头戴会上赠送的民族花帽。事后有位朋友对我说，他的最大收获是看到了你。这句话反映了读者渴望更多地了解你们家庭生活的愿望和心理，而并不限于像我这样的女读者。

繁华落尽见真醇。我想借用这句话来表达我读你这组散文的又一种感觉。你的散文是须要细心品味的，你把感情藏在深处，藏在看似平常平淡的记叙之中，有时更藏在无话无字之中。我看出了你的节制，动情处往往收住了笔，让读者去会意。因此，粗粗读去是领略不到其中的深情深意的，而这正是你这组记实散文引人入胜的幽幽醇香。我看到了你写这组散文时那种劫波度尽以宽阔的胸怀回过头去的清明的眼光，因此你能写得这样平静，这样明亮，这样多色多味，这样温馨动人。磨难化为了财富，化为了永远的欣慰，成为恩爱夫妻最珍贵的纪念。

全面地评论《王蒙——"放逐"新疆十六年》是名家的事，

我只能不揣浅陋地把这些零碎的杂乱的感觉写给你，自然是井蛙式的，挂一漏万的，言不尽意的，只能请你见谅了。

友　勤

1993 年 8 月于乌鲁木齐

到新疆去

1990 年深秋的一天，北风劲吹，我家的庭院落满了树叶。最令人欢喜的是枝头的枣儿被风吹打得纷纷摔击在地面上，发出噔噔的敲打声。

　　每逢此刻，我们全家老幼全跑出来拾枣。

　　3 岁的孙子兴高采烈地拾起来一个。又听到一声响，抬头寻觅，没等他看准，就在这瞬间，爷爷——王蒙，一个箭步跨上，拾到了一颗又红又大的枣。

　　"你让给他，让他拾多好玩。"我在一旁说。

　　话音未落，我自知失言。

　　看工蒙那股兴奋劲儿，哪里像午过半百、饱经风霜的人？分明他依然有一颗童稚的心。

　　我怦然心动。往事涌起，历历在目。

　　1963 年，王蒙在度过一段不平常的经历后，到北京师范学院任教已经一年。我们新分到了两间花砖地的房子。深秋的一天傍晚，他从西山文联组织的读书会上回来，一入门就急切地和我商量去新疆的事。其实在日间的电话里,我已经表示支持他了。

看着他炯炯有神的眸子,看着他那虽然宽大仍然包容不下那么多深思熟虑的前额,我没有什么需要争辩或者补充的了。

我怎么能不理解他呢?

尽管他经历了那场暴风雨,毕竟他是从暴风雨里走出来的。

尽管他 19 岁写的长篇小说《青春万岁》,直到那时还不能出版,毕竟他永远会"万岁青春"。他充满了对生活、对于一切新鲜经验的兴趣和追求。

尽管在 50 年代末,他被迫搁笔,毕竟在 60 年代初,他的作品《眼睛》《夜雨》重新问世。

一个年仅 29 岁的青年人,像他,已初尝人间的沉浮荣辱,正热切地献身于文学创作。

他能安于在北京师院中文系任教的平稳生活吗?虽然他已博得学生们的喜爱,且拥有一个安逸的小家庭。

他——王蒙,不能。

毕竟他是从"组织部"出来的年轻人,是青春的歌手,是在新中国的阳光下成长起来的一个初露锋芒的作家。

他的理想、心愿、就是我的。

我毅然地支持了他,去新疆。

到宽广的天地去,到少数民族地区去,去锤炼自己,生根、发芽、开花。要做一番事业,要写出使人们心灵发光、发热,永世长存的作品来。

1979 年 5 月人民文学出版社出版了王蒙被尘封 25 年的长篇小说《青春万岁》，此后各种版本一印再印，成为王蒙最长销的作品。

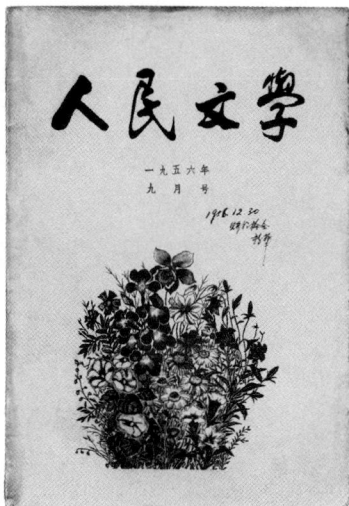

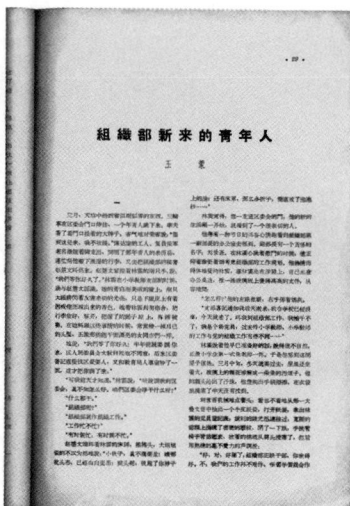

《组织部新来的青年人》发表于 1956 年 9 月号《人民文学》。

　　1957 年底受批判三天后拍摄的照片。小棉袄背在肩上，一脸的光明与潇洒，用王蒙自己的话说，"整个青年时代，我没有再照出过这样帅气的照片"。

他放弃了在京都的一切。

他选择了去"西域"。

一颗永远年轻的心，跳动不已。

我们一遍又一遍地看了正在北京上映的电影《冰山上的来客》，一遍又一遍地唱着《卡拉之歌》，想象着新疆的异域风光。

我们专程去新疆餐厅吃了烤羊肉串，与在那里服务的维族姑娘饶有兴趣地交谈。

当已确定了行程日期，接到在新疆作协工作的王谷林同志的电话："预祝你们成功，祝一路平安！"的时候，我们心花怒放了。

1963 年 12 月 23 日，我们举家西迁。清晨，作家萧也牧代表中国青年出版社来送行，出版社并派了车辆为我们代步。

王蒙登上开往乌鲁木齐的 69 次列车，找好了座位，把精心携带的一瓶小金鱼平放在桌上，然后打开窗户，洒泪告别亲朋至友。

这时，招来了众多的目光。在嘈杂声中，只听见人们议论："还带小金鱼？"

是啊！我们四口之家，两个年幼的儿子——5 岁的山，3 岁的石，再加上必不可缺的行李包裹。但是，金鱼非带不可。是他亲自饲养的，那是在他重新走上工作岗位，且有了自己的家之后添置的。金鱼陪伴了我们，给我们增添了生活的乐趣。每日茶余饭后，我们总是在观赏它，尤其是羡慕它的自由自在。这回西迁，怎能把它舍去呢？

列车疾驰飞奔，把村庄、农户、高高低低的山丘、树叶脱落的树干，相继甩在后面。显然，从他多思深沉的眉宇间可以看出，他默默地告别了他的青年时代。

"我们什么时候能回来？"我提出一个让人心焦的问题。

"三、五年，顶多十年。"他毫不犹豫地自信地说。

谁料到，这一去就是十六年！要说把"文革"的八年刨出去，倒也和预计的相差无几。

行驶了 24 小时的列车，在西安停止了。当年，还没有直达车，需要在西安过夜，再换车。

翌日，离开车时间仅有三个小时，王蒙饶有兴致地提议，去大雁塔。于是，我们乘公共汽车沿解放路数站抵达。那时，大雁塔还未修缮，破烂不堪，无人管理。

我们只能沿塔的周围和底层观赏。他津津有味地向儿子大讲"唐僧取经"的故事。这时留给我们的时间不多了，赶紧要了一辆人力三轮车直奔火车站。

当我们再度坐上西去的列车时，长吁了一口气，险些误点。

咣当咣当，列车行驶在茫茫的丘陵与荒山中。在他恋恋不舍而又忧患重重的面孔上，流露着对未来的憧憬。要知道，这是他长到 29 岁以来，第一次离乡背井地远行。

我不敢正眼看他，他的眼角下，仿佛凝聚着晶莹的泪。

这时，该轮到我提议了：让我们唱歌吧！

毕竟我们都是青年人。在车厢中轻轻飘荡起带几分伤感的忧郁的歌声，渐渐地又激昂起来。

列车走完了漫长的河西走廊，出了玉门关。一派边塞风光映入眼底。是一眼望不尽的沙漠、戈壁，到处迷漫着风沙。西北风咆哮着。

感慨万千的他，拿起笔来，在摇晃的车厢小桌上写下刻骨铭心的诗篇：

一

日月推移时差多，寒温易貌越千河。

似曾相识天山雪，几度寻它梦巍峨。

二

嘉峪关前风嗷狼，云山瀚海两茫茫。

京华渐远西陲近，笑问何时入我疆。

三

乌鞘峭峰走铁龙，黄河浪阔跨长虹。

多情应笑天公老，自有男儿胜天公。

四

死死生生血未冷，风风雨雨意弥坚。

春光唱彻方无恨，犹有微躯献塞边。

是的，在那个时候，王蒙的心仍然是火热的。人不堪其忧，蒙也不改其"热"！

经过乌鞘岭时，正逢子夜。坡陡路险，寒气沁骨。两台机车一前一后地推拉，列车仍是蜗牛一样地爬行。我们把儿子紧抱着，心潮翻滚。

"快到火焰山啦！孙悟空不怕火炼……"次日中午经过的已是吐鲁番了。他讲故事哄慰孩子，孩子更没有出京、进京、出关、进关这些世俗的观念了。

然后是盐湖、达板城。我们想起学生时代爱唱的歌曲："达板城的石路硬又平啊，西瓜大又圆啊……"然后是乌拉泊。乌鲁木齐到了，历时五天四夜的旅途，终于在第五天的傍晚5点20分结束了。激动，兴奋，感慨万端。

随着拥挤的人群，我们下了火车。北京时间已是晚上7点，当地才晚上5点多，天已经黑了，这里与北京时差两小时。

一出车门，满面的寒气立即凝结成无数的小结晶体。眼前是白茫茫的一片。冰天雪地，大雪迎面扑来。这一天是阳历12月28日，快过新年了，天气正冷。

不时地从冷气层中传播出风味全然不同的维吾尔歌曲。涂成蓝、黄、粉、绿，色彩鲜艳的建筑，使你目不暇接。这种奇特风光，把我们带入了异域他乡。

我们急速地环视四方，看不到来接的人。站台上的人们都穿着长、短大衣，帽子、围巾裹得严严实实，有的还戴上一个大口罩，分不清男女老幼。于是我们牵着孩子，手里捧着金鱼，从车首跑到车尾，又从尾部转回来。我们感到紧迫、陌生、焦急，天真烂漫的孩子倒是高兴了。大儿子乘兴高歌：

60 年代的乌鲁木齐火车站。

"冬天到，雪花飘，小朋友们穿棉袄，东跑跑，西跑跑，春天就会来到了！"

还是作协新疆分会秘书长王谷林同志先发现了我们。一阵问安问好之后，我们乘上一辆面包车。

"走，开往文化路五巷六号。"王谷林同志向司机吩咐道。

"这就是你们的家。"他又说。

"家"，是的，我们的第二故乡——新疆。它将会带给我们什么样的命运呢？

初来，我们被安顿在新疆文联家属院内一个跨院的坐北朝南的房子里。

我们审视着厚厚墩墩的土墙。两间方方正正的里外屋，中间夹层火墙，棚顶上有一个方口烟筒。室内潮气腾起。听说已经烧了两天火墙了，长久以来这屋子没人住。

这是我们的家。欣慰、心酸，一股脑地涌上心头。

是怀念北京的旧居吗？早已把它抛到脑后去了。是追求豪华富贵高楼大厦吗？那从来不是我们所希图所期望的。这座小土屋，正是我们的真正的家。

文联的工作人员来了很多。他们指着铺好的床给我们看，由于行李要过几天才取得出来，同志们专为我们租凭了被褥枕头，花花绿绿，把房间布置得象"新房"一样。"家属院"的食堂就在我们房前，虽然挡住了阳光，却又提供了伙食的方便。当晚是吃饺子，我们到新家后不久，饺子就端上来了。于是大家七嘴八舌地介绍新疆羊肉如何肥嫩可口，新疆牛奶如何浓香醇厚，营养丰富。购物按公斤计量，价格比北京高，但工资标准也高。初次与大家见面，王蒙非常高兴。最后还是同志们赶紧告辞了，为了照顾我们的休息。

这时炉灶里发出了噼里啪啦的爆破声。王蒙望着熊熊的火焰，有兴致地拿起火钩和煤铲，不停地在添煤。添进去新煤，又拿出将要烧尽的煤，他不厌其烦地摆弄火。

他乐意观察冉冉升起的火焰。

他喜欢听到煤的燃烧声，更爱听到骤然爆发的、一系列连锁反应的爆破声。

他迷醉于多民族的异乡。他想他会“入乡随俗”，他会做出一番事业。

陌生的环境带来了新鲜感，带来了知识，当然也带来不适应的麻烦。当天夜间王蒙就捂着肚子叫苦不迭。不知道是不是在从火车站到家的途中“喝”了凉风，当时乌鲁木齐的气温是零下二十多度。也许是新疆饺子的羊肉馅太肥，饺子皮又厚。也许是他太兴奋了，这第一顿在新疆的进食缺少节制。反正他肚子痛起来了，幸好没有酿成大病。

第二天晚上，四条小金鱼全都死了。说起来，同志们都问：“你们换水了？”答：“换了！”同志们说，新疆的水硬，怎能不晒几天再换水呢？本来在新疆，养鱼就不容易的呀。王蒙相当扫兴。金鱼是不能适应新疆的水土了，人呢？人总应该比金鱼强吧。

没有几天，火墙也出了问题。王蒙添煤太多太勤，反而使煤得不到充分燃烧，不但火经常灭，而且燃烧不充分的烟郁结在火墙的烟道里，使烟道很不畅通。随着严寒的加剧，房间里愈来愈冷了。显然我们没有足够的防寒准备，带来的只是在北京时用的被、褥、衣、帽。赶紧添置了新疆毛毡；花了50元为王蒙买了一件栽绒外衣。他一直穿了十几年，直到1979年，我们返回北京时，又把它传给了正在新疆大学读书的儿子。

冰，到处是冰。厕所好像一座冰丘。除了冰，看不到地面。茅坑深有10米，底部是一个大的连通池，望下去令人如临深渊，望而生畏。使用时找不到可以蹬踏的一小块地面，净是高低不平的若干小冰峰。

上街步行，原本是件极平常的事，可是对于我们初去的人，不亚于走钢丝。大街小巷，处处是坚硬、光滑、污浊的冰，简直令你寸步难行。尤其过马路，更是提心吊胆，唯恐在你滑倒的时候，正好过来车辆。王蒙还算心细，他观察了当地人走路的样子，很快总结说，要勇敢地迈开步伐，用力地往下蹬地。果然他比我适应得快些，并且打趣地说，到处是冰场，滑冰不用买门票了。

当然，与这些小小的不适应相比，初到新疆的我们更感到的是同志们的热情关怀。自治区文联的同事、作家前来看望，帮我们整理行李物品。文联的同志还为我们两个儿子找好了幼儿园——自治区妇联幼儿园。王蒙很快到《新疆文学》编辑部上班，立即适应了工作。关于我的工作，出了一点麻烦，因为人们想当然地认为我这个中学教师一定是教语文的，就为我安排了教授语文的工作岗位。其实，我是物理教师，而当时似乎乌鲁木齐的中学不缺少物理教师。最后，有关部门与我商量，让我到市三中去教地理，并打趣说，反正物理地理都有一个"理"字。于是，我当了三个月的地理教员。

到新疆不久，王蒙去拜访了新疆自治区党委的副秘书长牛其义同志。牛其义原是自治区团委书记，与北京的团市委书记张进霖同志相熟。虽然王蒙当时政治上的处境不好，老张对王蒙还是非常关心的。他专门给牛其义写了信，请他对王蒙多加关怀帮助。王蒙找过牛其义后，确实得到了更多的帮助。

4月春来，王蒙进疆后第一次去火州吐鲁番出差。火州的圆拱形建筑、坎儿井、葡萄架……一切都引起王蒙的巨大兴趣。他热情洋溢地写了一篇散文《春满吐鲁番》，歌倾新疆的风土人情，歌颂兄弟民族人民的幸福生活。文章在王谷林同志主编的《新疆文学》上发表出来了，王蒙是多么兴奋呀。他以为，他的创作之路从此又畅通起来了呢。

5月，王蒙去南疆的模范公社——麦盖提县红旗公社深入生活，一去就去了四个多月。他很快爱上了新疆这块土地，写起了新疆题材的作品。然而，大的形势已经不允许王蒙命笔，当时《北国江南》《早春二月》已经开始批判，"文艺整风"已经开始，"文化大革命"的风云正在酝酿，形势越来越险恶。迢迢万里而来，等待着王蒙和我们的将会是什么呢?

快
乐
与
迷
茫

我们到新疆一年来，王蒙几乎没有几日留在家里。1964年春天，他去了吐鲁番，写下散文《春满吐鲁番》，并在《新疆文学》上发表了。这似乎给了我们相当的安慰。5月，他又去了边远的喀什地区。

对于初到乌鲁木齐的我，一个人带着两个年幼的孩子，生活的艰难自不待言。一天，我病倒了，发烧至39度，昏迷过去。醒来时口干得要命，尽管热水瓶就在床头柜上，我却硬是抬不起胳膊，喝不上一口水。当时，我是多么希望王蒙就在我身边啊！

当年秋天，王蒙风尘仆仆地从南疆回来了，带来了欢笑和作品。

他以仍然年轻的心灵和特有的热情，去了边疆一个偏远却富有民族色彩的地方——受到自治区党代会表扬的喀什地区麦盖提县红旗人民公社。那是在叶尔羌河南岸，塔克拉玛干沙漠的边缘。王蒙在那里呆了五个月，和少数民族农民兄弟生活在一起，用他的智慧和对民族兄弟的爱，写出了两篇报告文学。

一篇是《红旗如火》，歌颂这个公社战天斗地的业绩；另一篇是《买合甫汗》，介绍了这个公社"三八"大队女大队长买合甫汗的事迹。

出人意料，迎接他的却是无情的拒绝与排斥。

初下去时，他是受到称赞的。《新疆文学》的一位负责人刘波给正在南疆的他写信说："你来了，很快就下去了，而且写出了作品，东西写得好，区党委和大家都很满意……"。

但是，等他回到乌鲁木齐的时候，"文艺整风"已经开始，电影《北国江南》和《早春二月》正在受批判，对《海瑞罢官》也已开始"商榷""争鸣"，气氛极为肃杀。在这种气候下面，怎么会有王蒙写作与发表作品的可能呢？已经排好版的《红旗如火》，在付印前被抽了下来。人们窃窃私议："王蒙这样的人是不能用的……右派帽子虽然摘了，但仍然是'摘帽右派'……"。难道他已经永远地被排斥在革命文艺队伍之外了么？我们的心情又沉重起来。万里迢迢来到新疆，到头来竟仍然是"不能用"！王蒙对我说："这种事情真是毒化我们的生活啊！什么时候生活里能够消除这些毒素呢？"

文章虽然发表不成，他心里却留下了去南疆的深切感受。他瞻仰了世界驰名的喀什大清真寺；他目睹了在尘土弥漫的街道上行走的戴面纱的女人；他品尝了南疆盛产的各种瓜果；他结识了一些少数民族友人，其中麦盖提县文化馆的阿卜都米吉提·阿吾提，直到 1990 年秋，当我们再次访问喀什的时候，还特意赶来看望我们，真是友情弥足珍贵呀！最令人难忘的是，王蒙买了两顶精致的羊皮小花帽，是"微型"的，用针别在头巾上作为饰物，据说这是和田妇女特有的装饰。直到如今，我仍把它保存得完好无损。还有一件质地上乘的风雨衣，王蒙说那是在喀什一家进出口贸易商店买到的，底灰色，袖口、衣领、口袋和前襟都镶嵌有淡蓝色的宽绒边，式样新颖，色彩协调，我很喜欢它，以至于到了80年代，我穿上那件风雨衣，仍然觉得式样并不"落伍"。

年底，又说要下乡去搞社教，王蒙也是榜上有名，并参加了集训。但后来传出消息，说有三个人"没资格"，不配当社教干部，被"退回"。一位是画家，因有海外关系；另一位是个维族女同志，据说在"反修"斗争中有思想问题；第三位就是"大右派"王蒙了。当时，下乡搞社教条件很艰苦，要求也很严，不过像王蒙这样的体质，下去搞上几期是完全胜任的。现在不用去了，这对于我倒不是坏事。但他再一次被排斥，被打入"另册"，又使我们感到一切都是那么渺茫。

当然，也有许多好心人设法帮助他，保护他。

当时的文联有关负责人请示自治区党委主管文教的书记林勃民同志，把王蒙怎么办才好。研究结果，他们想出一个办法——找个条件好一点的农村，让王蒙以"劳动锻炼"的名义下去，长期蹲点，同时兼一点基层工作，这样既有劳动锻炼的性质，也有作家深入生活的意思，而且还可以把家也搬了去，安心在农村多呆几年。

这样的安排，在当时情况下，可以说是最佳方案了。第一，有利于深入生活，了解生活，开拓眼界，扩大知识面。这对王蒙和他的文学生涯肯定是有好处的。当初我们决心离开北京到新疆来，追求的不正是这个吗？一辈子守在北京城里，又有什么意思！第二，王蒙早就下决心要学习维吾尔语，在南疆已经学了一点，但因为身边有翻译，他学得不算快。这回去农村落户，干脆把他"抛"到一个维吾尔农民聚居的村落，不管怎样，他也得学好维语，以致多年以后，他竟自诩在"伊犁语言学院"进修了六年——一个硕士生的学习时限。第三，他正好躲了风。政治气候一天比一天紧张，王蒙如果呆在乌鲁木齐，无异于坐以待祸，自找麻烦。不光是自己，还会连累文联和区党委。到了农村，目标就小得多了，谁问起来都好说，下去了嘛！

事实上，"文化大革命"开始后，就有这样的大字报："质问文联及区党委，为什么把大右派王蒙调至新疆？"

是的，我们是到边城伊犁去，而且是心甘情愿、高高兴兴地"服从党的安排"。

许多好心肠的人都来劝说：

"那地方不能去，要去，让他一个人先去。"

"怎么你也跟着一块儿去？那里是边界城市，现在中苏关系紧张，有个风吹草动的，那里可不太平。"

"乌鲁木齐是首府，你为什么不留在大城市，偏要到那么偏僻的地方！净是少数民族，汉人寥寥无几。"

我别无选择，也无须选择。既然我和王蒙一起从北京来到这大西北，就早已下决心放弃了大城市的生活。至于乌鲁木齐还是伊犁，对于我来说都是一样的。如果从另一个角度看，伊犁更富有民族色彩，更令我向往。何况最最重要的，是我们全家能够在一起，即使是发配到天涯海角，也是我的幸福。

"要去，我们一块儿去，只要一块儿，到哪儿都行。"我说。

王蒙给予我会心的苦笑。

说去伊犁，也不是那么简单的事，要与伊犁区党委宣传部的宋彦明同志取得联系，而他恰巧正陪女儿去北京治病，不在本地。领导说，等宋彦明同志回来再联系吧。也是熟人好办事的意思。

于是只有等待。整个寂寞的冬季，很清闲。除了每星期六下工厂劳动，王蒙没有任何事情，谁也没有别的办法，除了等待，只有等待。现在回想起来，我不禁记起王蒙的一首诗作，诗的题目是《养生篇·拉力器》。其中有这样几句："多少青春／多少肌肉／忽然展翅／不飞"。诗句很平常，但没有切身体验是写不出这种生命被搁置的痛苦的。有时候我们也反问自己，为什么就这样凄凄惶惶地度过了一天又一天？难道不能利用这段时间写作吗？或学一种语言，钻研一个课题？于是我常劝王蒙："别管那么多，要拿起笔来写，不能发表也要写！"但是他说，不行，没有那种情绪，没有那种胆识。他是从小在党的教育下成长起来的，党让他改造他就改造；党说 ×× 不能用，这个 ×× 自己也不敢用、不想用、没有兴致用自己了。这不但是政治的、社会的废黜，更是个人的自我废黜。这才是那种年代里最可怕的呢！

当然，人毕竟是不甘自我废黜的。在我们的生活中除了困惑和迷茫，也还充满着信任、天真、欢乐和种种新鲜的经验……

这期间，我调到乌鲁木齐七中任教。我们想从七中申请一套房子，我上班方便，王蒙也可避免以一个"游魂"的姿态出没在文联诸同志及家属的眼皮子底下。

没等我细说理由，学校就答应分给一套三间平房。我们非常惊讶，这么容易就把房子要到了手，如果在北京，工作一辈子，也未必做得到。

订好了日子，由文联派车，司机老张一鼓作气把家具运到了我们新居门前。

当我们跨入门坎，把大大小小的家具、行李搬入室内之后，全愣了。

迎面扑来小孩的尿味；桌、椅、床、沙发腿沾满了灰尘，还陷进泥里半寸，室内全是土地，连砖都没铺；三间房处在这一排房屋的终端，正是风口。这样的房子，一般是不愿意住的。

同志们议论起来：

"你们怎么能住这房？"

"你们事先没来看看房？"

"没事！"我和王蒙相视回答。

"在新疆，哪有像你们这样的，连房都不看就往里搬。"帮忙的朋友都这样埋怨。

现在回忆起来，当年我们真是多么无知，幼稚，荒唐可笑而又单纯可爱；虽然百经磨难，也仍不失天真烂漫。不过现在有时候，我们倒宁愿回到那个天真烂漫的时代。

几天之后，家，安置就绪了。

我们把远在东北农村的亲家奶奶接了来，为的是助我一臂之力，帮我们照料孩子。

直到现在，有两件事我们一想起来就谴责自己。一是太难为亲家奶奶她老人家了。我们汇给她坐卧铺的钱，她舍不得花，硬是乘硬座从东北来到西北。那年她已 70 有余，让她吃了那么许多苦。结果她用省下来的钱做了一件黑平绒罩衣，穿起来显得很富态。最令我们后悔的是，由于我们忘记了分辨时差，错把火车到站的北京时间当成当地通用的乌鲁木齐时间（晚于北京时间二小时）。结果，没等我们去接站，老人家已经来了。她下车后在车站着了半天急，自己叫了一辆三轮车来的。

为了弥补过失，我们了解到老人家生性好热闹，就每逢节假日，带上两个儿子陪老太太去"南梁"看电影。当时正上演一大批战斗片子，我们几乎每个星期天都在机枪哒哒与手榴弹抛掷的"弹光枪影"中度过。王蒙还经常代笔为老人家写家书。老太太逢人就称赞王蒙。

我们在这里过了一个愉快的春节。这是进疆以来第二个春节。这回有经验了，不像头一年，大年初一睡午觉，总被一批批来拜年的人从床上叫起来,十分被动。今年我们早做准备,桌上放好了糖、豆、大红枣和小点心,每样一盘,再备些红酒、烧酒来。拜年的人依旧是三五成群结队成行,络绎不绝。

年初二,王蒙带两个儿子去北京老乡、歌词与剧本作者刘家琪同志家作客。两个孩子不知怎么进入兴奋高潮,一边吃一边打架,还爬上餐桌用手抓鱼,险些把成桌的酒菜打翻。刘家琪同志的爱人因被打成"右派",不在乌鲁木齐工作,刘家琪为招待我们,排队买鱼,把棉袄都丢了。他自己连采买带掌勺,费了老大劲才对付上一桌菜,却被我们的两个儿子搅得天翻地覆。为这事,我不能不埋怨王蒙,只因为那天我不在场,就闹成那个样子。我们的两个儿子也很奇怪,此后再没发生过那种大闹餐桌的事。那天几乎可以说是他们童年时代顽皮打闹的一个"顶峰"。

有一天,风暴骤起,王蒙叫孩子去取报。他的目的,其实是立下章法锻炼孩子。我们住的家属院离收发室有一定距离,去取报要经过一个风口,那里风大得行人站都站不住,王蒙却坚持要4岁的石儿去取报。

"你闭上嘴,使劲向前冲!"他说。

果然,我们勇敢的小儿子,抖擞精神与大风搏斗,胜利地完成了任务。

只有那一次,王蒙摆出一副训子有方的得意架式。

冬季,鹅毛大雪白花花,急促促,倾泻而下。房檐、屋脊、树梢、路边和寺地到处是白茫茫的。屋前堆成雪山,推门要费九牛二虎之力。这是雪中游戏的良机。

30 岁的父亲跟 6 岁和 4 岁的儿子尽兴地、认真地打起雪仗来。先是教孩子滚雪球。王蒙双手合拢把一团雪捏紧，放在雪地上，从这边滚到那边，愈滚愈大，然后再用力拍紧，这样做了许多雪球，当做武器。父子双方交战，激烈万分，如果我不加干涉，他们是不会轻易"停火"的。

上房扫雪也是件很有趣的事。站在高高的屋顶上，眺望四方，到处都有雪的美丽、清新、洁白，而且还有和自然界融为一体的，正在劳动的人群。他们以各种姿态，扬起雪花，把雪抛到地面上，发出"卜、卜、卜"的声音，一声连一声，好听又好看，人也被刺激得十分精神。

乌鲁木齐的春天来得晚，我们度过了一个无聊的、漫长的冬天。王蒙平时情绪还可以，只是常常消化不良，从中医医院拿来许多"香砂养胃丸""香砂正气丸"，吃了都没有效果。有一天一位来自上海的医师认出了王蒙，以极为尊敬的态度和他大谈文学，使王蒙又尴尬又欣慰，回来说了，我俩相对唏嘘不已。

4 月初，冰雪还没解冻，就迎来了 1965 年的初春。一切都办好了，王蒙准备去伊犁。他一人先去，等安顿好，我和孩子再去。

我赶忙给他准备行装。几件随身替换的衣服，加上盥洗用具，很简单。4 月中旬的一天，我送他到车站。在公共汽车的站牌下，他满有信心地对我说："要不了多久，很快我就会接你们来，等我的消息吧！"

两个孩子与我更是相依为命了。幸亏有亲家奶奶帮着照看他俩。我的工作繁重——任一个高中班的班主任，还兼两个年级的课；晨起带学生民兵训练，晚上辅导自习课。孩子们总盼望我早点回来，每到晚上大儿子就趴在窗户前，望眼欲穿。见到我办公室的灯熄了，他立刻跑出来迎接我，远远就是一通狂呼，然后两只小手拢住我的双膝不放。

这期间，王蒙隔三差五地有信来，每封信都是热情歌颂，一片乐观、信心和赞美。他极其兴奋地向我们叙述伊犁的风光、风土人情；叙述他在伊犁的所见所闻及各种感受。

这一年6月，王蒙在一封信中诚恳、真挚、热情地要我也去伊犁。他说，伊犁是我们所向往的美好的地方，那里已经不存在城市与农村的差别，整个城市就是一座大花园。小巷两旁杨柳成荫，在俄式典雅的小屋前有潺潺的流水；姑娘们一排排手拉手唱起令人陶醉的歌；到处是哈萨克、维吾尔人的纯朴、热情……

真是奇怪，已经是"文化大革命"的前夕了，这个王蒙仍然那样透过玫瑰色的色彩描绘着、感受着边疆大地，用无比光明与欢乐的胸怀去拥抱着生活。究竟还要付出多少代价，他才能真正懂得生活的复杂与严峻呢？而且，在懂得了生活的复杂与严峻以后，他还能这样向往光明和快乐吗？

我不知道。我只是想尽快到他的身边。

山回路转去边城

王蒙不断来信，叙述在伊犁的生活。他说，伊犁是一个亦城亦乡的"具有共产主义风貌"的地方。他去了距伊宁市八公里的巴彦岱，被分配在二大队一生产队参加劳动。他学会了使用砍土镘；爱上了维吾尔农民的食品；他住在老乡家里，努力学习维语……看他的信，就像他在那里留学，在那里旅游，几乎是乐不思家了。但他还是思家。从去了伊犁，我们通信讨论的第一主题便是：什么时候我也去伊犁，实现我们的团聚呢？

见信如见人，可以想象得出在伊犁这个陌生的边陲小城，他是怎样好奇地观察着一切；闪烁着奇想；向往着光明。在他的笔下，伊犁简直是天堂了。

我看得出他是用玫瑰色的调子在描绘去伊犁的前景，我也为之欣然。在我的回信中，没有踌躇，没有犹豫，只要求速度。

调动工作，准备搬迁，成为我生活议程中的首要项目。

我所在的第七中学的张校长，平素有些待人拘谨，例行公事，但逢到关键时刻，很仗义，通情达理。他说："你们去边城,是到下面去,这里工作再离不开也得放你。我支持你们。
王蒙在那里,需要你去,你们一定会有作为的。"好预兆,第
一关口就通行无阻,于是我抓紧工作,在完成教学进度的同
时,提高质量,给后进生辅导补课,为的是期末取得优异成
绩,要善始善终嘛!

"我看,等你来时,还是要把老、小送回北京去。毕竟这
里是边境,如果有风吹草动,扶老携幼总是不方便……"这是
王蒙在离开乌鲁木齐时做出的果断安排。

1965 年 7 月,我利用暑期,送回亲家奶奶和两个半懂事
又不大懂事的儿子。我买了两张 70 次乌鲁木齐至北京的硬卧
票。"没想到,刚来还不满一年,又回去了。"亲家奶奶不无遗
憾地说。我也没想到,那次竟是跟她诀别了。倒是我那个儿子
很高兴,说:"太好了,回北京找姥姥去了。"

在和王蒙的通信中,我们约定 8 月 20 日分别赶到乌鲁木
齐,他把"家"接去。那天的 69 次列车,像知道我的心思似的,
破天荒地准点抵达。12 点 40 分,阳光耀眼,我在人群中挤着,
极力寻找着。刚出站口,忽然听到:"我在这儿了!我在这儿
了!"我顺着熟悉的声音,一眼望到了他。他身着在北京时我
给他买的银灰色衬衫,戴一副茶色窄边近视镜,满面洋溢着微
笑,兴奋掩盖着倦意。

"我等了半个小时了,来早了。"他赶忙接过去我的手提包,
"要搬家,怎么还带这么多东西?"

"没什么,这是他爷爷给你带的信远斋的酸梅糕。"

他为这一震，想到了他的父亲。

我们回到了家，你看着我，我望着你。孩子不在身边，好冷清啊！再一看，房间内窗台上、桌子上洒满了灰尘。也不顾打扫，简单吃了碗挂面卧鸡蛋，就开始筹划搬家和工作调动等事宜。

去伊犁要坐三天长途汽车，大件、易碎的物品不能带，我们只好割爱，把唱片和手摇唱机——那是我们新婚时购置的纪念品，等等，存放在朋友家；还有写字台、书柜及许多书籍，也分别存放在朋友家，给这些友人带来不少麻烦。有一把转椅和一套简易沙发，还是带上吧，平时我们喜欢泡上上等茶，边品茶，边聊天。带什么，舍什么确定了，再考虑找车的问题。不能乘公共班车，还得通过关系搭便车，才能连人带家具一起拉走。

几天之后，阳光变得柔和了。已经是夏末，大西北的夏天本来就不长。那天下午，凉风习习，我俩漫步在乌鲁木齐西公园。西公园又叫鉴湖公园，风景优美，位于市政府近旁。其实我们并不单纯是逛公园，我还肩负重任，要去市教育局人事处办理调离手续，入园后，我们又计议了一下，王蒙在池塘边那张靠背椅上等我的消息。他望着残荷、藻萍，内心是焦急的。哒、哒、哒，秒针不停息地转动，两个小时过去了，他有点坐不住了。这时，我姗姗而来。

谈何容易！我的工作调动在市教育局遇到了麻烦。"教师紧缺，上面有精神，不放人。"乍一听我几乎要昏过去。随后，不知哪来的一股力量和勇气，我振振有词地与之理论，最后人事处的那位女干部给我开了绿灯。

"放了，凭了我的一场舌战。"我告诉王蒙。

"好极了！好极了！"王蒙不顾周围的游人，高声地说。

高兴之余，冷静之后，在池边我们踩着稀疏的落叶漫步，心中油然升起惆怅之感。这一去，前景茫然。"阶级斗争"的弦越拉越紧，报纸上除了批就是斗，文艺问题更是紧张得叫人透不过气来。到了基层，政策怎样？积累了生活，还能有权利拿起笔来写作吗？"重新组织文艺队伍"的问题已经提出，《人民文学》只登"活学活用"题材，不登任何成名作家的作品了。这样的气候，还怎么搞写作？离开了孩子，什么时候再能团圆？离开了北京，又离开了乌鲁木齐，越走越远，这代价是否太大了？何时何日有返回的一天？疑团重重。但是，我们彼此的肩靠得更紧了，他挽起我的手说："只要有你在我身边，就是去天涯海角，我们也是幸福的。"我说："何况，我们是到人民中去，我们一定会有收获的，而且我们在一起，什么困难都不怕。"

紧接着是在乌鲁木齐的朋友们为我们饯行。尽管形势严峻，他们还是认为我们下去是一件好事。他们对王蒙充满信心；频频祝酒，举杯高歌，情意满怀。

临启程的前一天，我们夜宿在朋友陈柏中家。他们住在市总工会的宿舍内，地点在旧市区西侧红山商场附近，距离我们将要搭车离去的老满城货运站很近。他们家房间窄小，两个女儿平时睡上下铺，但是陈柏中、楼友勤夫妇珍重友谊，非留我们住下，一则离上路时的车站最近，二则可以畅谈心曲，他俩为我们准备了美味佳肴，有梅菜扣肉、水磨年糕汤……当然，还有美酒。

"你们下去好。王蒙有了生活，凭你的才能，将来肯定会给人们、给历史留下万古流芳的佳作。"陈柏中夫妇争先恐后地说。

时过境迁，这一席话却始终留在我们的记忆中。是的，改革开放十年以来，王蒙的写作似泉水喷涌，《在伊犁》系列纪实小说早已问世，而且翻译介绍到了日本等国家。多么感激朋友们的祝愿。

"再见了，我的朋友，一路平安！"次日凌晨 5 时许，陈柏中夫妇站在老满城货运站站门口为我们送行。（陈柏中同志后来长期担任《新疆文学》杂志主编，现为新疆自治区文联副主席。）

一辆接运水泥的巨型解放牌卡车，外带一个拖斗，便是我们的旅行搬家车了。水泥比重大，占体积小，这样，车槽的上部就有空处满载我们所带的全部家什。家具杂物高高堆起，上面蒙上一层草绿色的帆布，远看简直像一尊庞然大炮。我俩坐在司机楼里，就算是"一等舱"的雅座了。司机马师傅，回族，对我们十分关照。

1965 年 9 月 8 日，天气凉爽。王蒙披上墨绿卡叽面料风衣，我穿上王蒙从南疆为我买的那件银灰色的款式新颖的风衣，一同坐在司机楼内，开始了远赴伊犁的征程。

一路颠簸剧烈，视野倒还开阔，可以边走边颠边欣赏天山北麓的大好风光。我们用手抓住扶手，头向下缩着，以防一不小心，撞着车顶。

车轮急驶在去伊犁的公路上，掀起一缕缕灰尘。眼前行驶着客车、面包车、小货车、大卡车，唯独没有小卧车。扬起的灰尘在混浊的光束中飞舞，路旁行人寥寥无几，电线杆和歪歪斜斜的小杨树匆匆向后倒退过去。

"昌吉，呼图壁，离开乌鲁木齐了！"

"石河子，建设兵团，周总理来视察过的。"

岔路口有通向油城克拉玛依与通往独山子、奎屯的指路标，"这一带有许多上海支边青年！"

一路上，王蒙充当了热心导游，不仅介绍地理、气温、特产、风土人情，还时常有所发挥，说明它的由来及发展。他有一种由衷的地理热情，对于新地域、新城市、新乡村、新生活、新事物、新环境、新人以及新的一草一木，都抱有极大兴趣。哪怕是在逆境中，他的心态仍是如此佳好，实在不同一般。

下午5点到达乌苏。车要在这里过夜，旅客全部下车住店。这种晓行夜宿的旅途生活，颇有点古代情调。我们凭文联的工作证在县委招待所下榻。这里比较干净，也很安静，服务员热情周到。我们打热水洗了脸，疲劳立刻消除。躺在床上，看着窗外枝叶茂盛的杨树，觉得无论如何，不断开拓生活的新领域，总是一件有趣的事情。王蒙和我，都热衷于获得新的经验。

第二天中午经过精河县。这里处于沙漠地带，有全疆及全国著名的治沙站。勤劳的维吾尔人在沙漠中开拓出一片绿洲。过了精河，地貌果然不同，到处是大大小小的沙丘，使我们想起童年读过的《沙漠历险记》之类的书，在困顿中不乏浪漫感受。

快到了，这里是南来北往的交通要地——五台。五台四面都是山，中间一小块平地，从乌鲁木齐、克拉玛依、博乐等地到伊犁，都必须经过这个要塞式的地点。这里没有居民，只有为公路运输服务的加油站、旅舍、维修站和饭馆，居然也还有邮局及银行。我们夜宿在兵团农五师经营的红星旅店。整齐见方的院子里停满了车辆，两排客房，男女各半，每室四人。同住者相互打个招呼，然后你往我来，各不相干。我们入睡前去农五师食堂，要了个红辣椒炒的回锅肉和丸子汤、米饭，还要了二两白酒。途中能吃得如此解馋，令人喜出望外。吃完，感觉出白天跋涉的疲劳，不到 9 点就熄灯就寝。凌晨 3 点 40 分，传来阵阵嘈杂声音，汽车发动机的强音把我们从梦中惊醒。司机同志说要早起赶路，大家谁也没有怨言，睡意朦胧地各自对号入座，新的旅程又开始了。

王蒙兴奋地告诉我："今天会很早就到伊犁，这一路上净是风景。"我顾不上旅途中的疲劳，把牢扶手，凝视远方。车子逐渐减速，爬坡，是蛇形的盘山路。偶然车子弹跳很高，类似朝鲜同志表演的在弹簧垫上的飞人。这时我就得紧紧用双手护住头顶，生怕撞上车顶壁。

果然，似乎进入了世外桃源。没有人烟，两侧都是高高的山岭，原始森林、雪松、野生植物、山峰上积年不化的冷傲的白雪……山坡上还时而看到羊群与护林人盖的木房子。往下看，是流水潺潺的山涧。

"请司机同志就在这儿给我们拍个照！"王蒙高兴地喊着。

"嚓！"瞬间，一张双人照，永恒地记载下我们双双赴伊犁的形影，也记载下天山山脉二台林区的风光，它是我们最珍贵的纪念。

再向前行进，好险啊，我几乎要吓昏过去。公路依山傍水，一个九十度转弯之后，沿坡直下，好似直向湖里冲去。我不禁失声喊叫。王蒙特别兴奋地说："这是赛里木湖了。它藏在高山里面，究竟怎么形成的，还是一个谜！"

沿湖转过来，司机选了一块地方，把车停下。啊，有哈萨克牧民的小毡房，那边是木制的小屋。空气清凉如洗。再望赛里木湖，碧蓝澄澈却又神秘莫测。永远辨认不清的幽深久远的光和色；没有草藻，没有鱼虾，没有游艇，没有生物，但是却会掀起无尽的涟漪，一望无际，呈现出它的质朴、深沉、伟大。我望着它，真想跳下去。于是我蹲下，用双手捧起湖水，刚要送到嘴边，王蒙说："这湖水是咸的，不能喝。"湖边风大，吹得我头发飘扬，就这样，王蒙给我拍摄了一张当时叫作"小疯子"，现在该叫作"现代派"的照片。

　　当我俩再次在车里坐稳后，不约而同地说："咱北京香山的眼镜湖，还能称得上湖吗?!"伊犁还没到，就有点踌躇满志而且"忘了本"似地嘲笑起北京来。如今回想，这种嘲笑又焉知不包含着"吃不上的葡萄是酸的"那种可怜的意味呢。不过当时我俩都情绪高涨，至少是"作高涨状"。

　　一路风光，一路深情，一路向往，一路感慨，似乎有说不完的话。"到果子沟了，就只剩下一百多公里的路程了。"王蒙又作了预告。不知不觉中越过了天山，眼前穿行在尘土飞扬的大路上。路边一堆堆的苹果，小贩就地摆摊。

　　到了霍城县的清水河子镇，汽车在这里休息。这里是中苏边界，离苏联只有40公里。当时中苏关系正处于十分紧张的时期，遥望边界，回想起当年我们参加革命时对苏联的向往，不禁喟然若失。

　　车过巴彦岱了。它就是王蒙在伊犁"蹲点"的地区。他和那里的维吾尔族农民"三同"——同吃、同住、同劳动。此时，他的情绪更加高涨。公路平坦了，路旁不停地传来一串串马蹄声，是四轮马车，上面坐着穿红挂绿的男女老少维吾尔族农民。公路两旁，家家户户架起葡萄架，宅院中还有果园。

　　"你看，这就是我的房东阿卜都拉合曼的家!"王蒙说。两扇掩不住的对面开的木制门，院墙里可以望见果实累累的苹果树。可惜车子飞速掠过，还没等我看清王蒙住在哪间房子，我们已经越过了那扇他时常进进出出的小院门。

　　"你看到这个水磨房了么？伊犁一带都是水磨，格林童话集里描写过水磨房！看，这是多么大的苹果园，园门锁上了。契柯夫写过《樱桃园》，将来，咱们写个《苹果园》吧。这是皮革厂，伊犁的高腰皮靴，穿起来神气活现，像顿河的哥萨克……"

二十多年以后，回想旧事，我忽然发现，以王蒙的气质和性格、口才，也许他本来应该去当一名导游。如果他当年选择做导游而不是写小说，他的一生，我们的一生，会不会是另一种样子了呢？

不过，二十多年前我们共赴伊犁的那段时间，我们似乎还不知道旅游、导游为何物。

初到伊犁

王蒙充当了三天导游。我们怀着几近于补度蜜月的心情，在1965年9月8日15时50分抵达西陲边城——伊宁市，当地人俗称它为"伊犁"。

伊犁汽车站位于工人俱乐部和食品十门市部对面的白杨林中，一下车便是一番尘土飞扬、熙熙攘攘的景象。卖瓜子的，卖莫合烟的，卖卷烟用的旧报纸的，卖自制酥糖的，还有卖电影明星照片的，都聚集在汽车站门口，十分热闹。听说伊犁居民有从事小商小贩的传统习惯，即使是在"批资本主义"最厉害的年月，也是禁而不止，停而不绝。

我们的车在汽车站略作盘桓后便按事先约定，向在伊犁区党委宣传部任秘书的宋彦明同志家驶去。

宋家位于伊犁两条大街——解放路和斯大林大街的交叉路口，正处市中心。宋彦明夫妇很热情地迎接我们，并留我们先在他们家住下。我环顾他们的住房，这里原是伊犁中苏友协的办公室。客厅很大，地上铺着漂亮的地板，屋子一侧还堆放着木材和办公用的书架等杂物。西边有个套间，想必是宋彦明夫妇的卧室了。

王蒙抢先说:"我们就住这屋,睡地板。"他进一步论证:这几个月在巴彦岱农村,他已习惯了"打地摊";维吾尔族农民都是在房中铺满羊毛毡子,吃饭、睡觉、待客一律在毡子上进行,床、桌、椅等家具几乎全都不用,倒也简单、实用、方便。

"那怎么行,你们还是住里面套间。"宋彦明同志一再说。他原是兰州大学中文系毕业生,很有兄长风度。

"这里就很好,行,谢谢了。"我补充说。那些木材和书架等正好组成一道屏障,我们把行李堆放进去,真是再好不过的栖身之地了。

宋彦明同志又说:"方老师的工作,我和州文教局谈过了,尽量安排在城里,离巴彦岱近一些的学校,这样王蒙回城方便些。"

我连声说好,一时不知该怎么感谢他。在这以前,王蒙告诉过我,他提出把我从乌鲁木齐接到伊犁来时,有关人员曾表示,不能在伊宁市内安排,要来就得去伊宁县——吉里圩孜。吉里圩孜本来是一个乡,刚刚改为"县城",条件比较艰苦。王蒙当即表示同意,还准备把他的"点"也搬到吉里圩孜去。我俩的想法一直很明确——只要能团聚,去天涯海角都行。今天到了伊犁才知道,由于伊犁区党委宣传部张华威副部长和宋彦明同志的关心,终于还是在伊宁市解决了我的工作问题。

夕阳快落山了,我们婉转谢绝主人的款待,出门去逛伊犁。我早已按捺不住地想看一看，这座被王蒙誉为"共产主义型"的城市，是个什么模样。

我们从解放路拐向斯大林大街。我目不暇接地望着，走着。

走过红旗百货商店、市银行、市图书馆、文化馆，再往前，便是一片片的私人摊贩了。卖羊肉的，把羊腿高高挂起，吆喝着招徕顾客。从正面看，肉又厚又新鲜，翻过来，里面却藏着筋头巴脑的劣质货；另一边，打馕人盘腿坐在地下（馕是新疆特有的一种面食），巨大的"馕坑"边沿，许多刚烤好的馕堆成一座小宝塔，香喷喷的，好诱人。打馕人高声叫嚷："不要粮票，一角五一个！"这里的东西显然比乌鲁木齐便宜，鸡蛋也才要 6 分到 8 分钱一个。卖货的维族同志说的汉语大都带有西北腔，又夹杂着维族特有的发音，en 和 eng 不分，p 和 f 也常混淆，听起来别有一种味道。

大街上几乎看不到小汽车，偶尔走过一辆苏联吉普"嘎斯69"，便算是豪华车辆了。马车、牛车和驴车很多，还不时有哈萨克牧民骑着大马走过。车马过处，尘土飞扬，空气中充溢着牲畜粪尿的气味。

街头巷尾常能见到几座俄式建筑。褐色的拱形屋顶，屋檐延伸出来，由四根雕花柱子撑着，形成一把美丽的伞。王蒙说，这里受俄罗斯影响很深。沙皇时期，伊犁曾被帝俄侵占十年，后来经清政府力争，特别是左宗棠率大军开过来，才收复失地，但仍留下不少俄罗斯居民，十月革命后又有些"白俄"

迁过来，现在他们都成了中国的俄罗斯族，伊宁西部的"努海图"地区，便是俄罗斯族与塔塔尔族聚居的地方。我仔细观察，确实看见几个披着大披肩的俄罗斯妇女在那座屋檐下进进出出。

走了没多久，王蒙就有点不好意思地对我说："其实，你已经走完了伊犁的主要街道。这里就这么一条大街。伊犁的市容我们已经欣赏完了。"

我心里咯噔一下，这就是你所称赞的"共产主义型"的城市么，你也太会吹牛皮了！"真让我失望！"这句话刚到嘴边，又被我咽了回去。既然已经来了，我就应该懂得怎么样去发现生活内涵的价值，埋怨又有什么用?!

夜幕降临，很多店铺开始上门板。王蒙建议我们赶快找个地方吃点什么，否则这里的店铺关门早，我们只好饿肚子了。

我们在红旗百货商店三楼找到一家红旗食堂。女服务员很热情地请我点菜，问我："您用点什么?"我不知怎么竟鬼使神差地点了一个"烹大虾！"王蒙说他当时几乎昏倒——在那样的年月，那样的地方，居然想吃"烹大虾"，真是太浪漫、太"幻想曲"了。女服务员眼睛睁得圆圆地，半晌才摇摇头回答："没有！"后来许多年，王蒙一直拿这个"典故"讽刺我。每当我做了不切实际的事情，他就会调侃地问："您用点什么? 烹大虾！"

不过，平心而论，我们初到伊犁时，伊宁市的商品供应还是十分充足的。当地盛产的奶油、蜂蜜、瓜子等等，商店里都能买到，而且价格很便宜。我们在农四师商店里买的羊毛毡子，质量极佳。小餐馆里，每天都供应热气腾腾的羊肉包子和拉面，后来许多年我们都习惯于用"小半斤"来充饥。"小半斤"是当地行话，拉面分"大半斤""小半斤"两种，"小半斤"就是四两。那手工拉成的细面条，浇上羊肉、番茄酱、土豆泥，色泽鲜红，味道十分鲜美。

几天以后，我确定调到伊宁市二中任教，"家"也落在那里。

由于家属院的住宅尚未建成，我们先暂时住在办公室。所谓"办公室"也是指曾经充当过办公室的几间房子。长长的走廊两边，依次挂着"团委""工会"等牌子，实际上已没人在里面办公，有的已做了仓库。我们住了一大间，它原是二中汉语教员祖尔冬·沙比尔的住房，因为我们来，特地腾出来让我们住，他自己克服困难住小间。说起祖尔冬，还有一段有趣的插曲。

那天，我们从宋彦明同志家搬出来，由于装车技术太差，刚上解放桥，大小沙发椅就从车上滑落在地。正在狼狈不堪时，一个陌生人走过来问："你们去哪儿？从哪里来？"

"去二中。从北京来。"

"哦，欢迎欢迎。我叫祖尔冬·沙比尔，也是二中的教员。"

他汉语讲得很流利，身体也壮实。一只胳膊挎起一个沙发就往前走，主动充当了义务向导兼搬运工。我们就这样和祖尔冬成了朋友。"文革"中，我和祖尔冬在一个"战斗队"里"闹革命"。后来，祖尔冬也搞起了写作，而且成为维吾尔族著名作家，现在他是新疆作家协会副主席。

"家"安置好了。一间约 15 平方米的木结构房屋，集卧室、书房、起居室、工作间、餐厅、厨房于一体，布置得合理、舒适，我们很满意。

随之而来的，却是一连串出人意料的事情。

砰，砰，家里从早到晚总有人敲门。

"我是 ×× 单位的，慕名而来看望您。"

"我是您的读者，通过作品与您相识，今天见到您，很荣幸。"

"您是北京的大作家，能来伊犁，是我们这个地区的骄傲。"

不速之客络绎不绝。我来伊犁之前，王蒙长住巴彦岱，人们找不到他，现在却找到家里来了。

几天之后，又听到一些离奇甚至荒唐的传言：

"他是大右派，毛主席亲自给戴的帽子。"

"他们两口子都是犯了错误才下放来的。"

"听说他爱人上大学时就有作风问题。"

……

王蒙从不把这些话放在心上。他总是这样自我安慰："让他们说去吧，光听这些还有个完？"

我所在的伊犁二中，是一所"民汉学校"，校内大都是民族班，由维族老师任教，我教汉族班。学生们很欢迎我，尤其

王蒙一家在伊宁市二中住房的旧址（武汉大学於可训教授摄）

1967年王蒙夫妇结婚十周年与王山、王石在伊犁合影。

爱听我说北京话。老师们也是一见如故,我工作得很开心。然而,打击马上就来了。

9月底,我上班不久,正和大家一起喜气洋洋迎接国庆佳节与自治区成立十周年庆典时,传来消息,说贺龙元帅率领一个分团到伊犁来慰问各族人民。这是一件大喜事,我们翘首以待。但万万没想到,校方竟通知我,不允许我参加欢迎活动,而且据说这是经过严格的政治审查后决定的。我气得几乎发疯,王蒙也说太没道理,这是剥夺一个人的公民权!但他反过来又劝我:"算了,算了。"那一时期,他最常说的一句话就是"算了",他总是这样向后退缩,委曲求全。按我的性格,绝不忍气吞声,于是我义正辞严地通过各种方式澄清事实,表示强烈抗议。我终于取得了胜利。校宣传委员正式向我赔礼道歉,并允许我参加了后来的一系列活动。

初步安顿下来后,王蒙带我去了他在农村的"家"。他始终严格按照组织上的要求,和贫下中农实行"三同"。他所在的巴彦岱红旗公社二大队离伊宁市只有四公里左右,坐40分钟长途汽车,下来再走一段路就到了。他住在第一生产队水利委员阿卜都拉合曼家里。拉合曼是位维族老农,个子矮矮的,留着漂亮的胡须,两眼炯炯有神。他的老伴,也就是王蒙的房东大娘,名叫赫里倩姆,瓜子脸,眉清目秀,穿一身玫瑰紫大方格的西式套装,一看就让人感觉到,她年轻时一定相当漂亮。王蒙每日三餐喝她烧的奶茶,吃她煮的曲曲(馄饨),泡她打的馕。她总是挑起大拇指夸奖王蒙,说他白天帮他们收割、扬场、放牛，晚间盘腿坐在毡子上给他们讲故事、谈科学、说笑话，"真是人民的好干部，我们都喜欢他，他是我们的老王"。她还一再对我说："我每天都惦记你，说你一定能来，连我们都等急了。"

他们有一个养子，十三四岁，名叫阿卜都克里木。这孩子原是汉族，三年困难时期从兰州孤儿院疏散到伊犁，后来按照穆斯林的礼法实行了割礼，成了拉合曼的儿子。他维吾尔语学得很快，和维吾尔族男孩子们在一起，完全没有两样。所以，拉合曼家里弥漫着一种特殊的民族团结气氛，让人感到分外亲切。

赫里倩姆年轻时先嫁给一个名叫乌斯曼的人，先后生过三个孩子，都夭折了，便抱养了一个女儿，名叫萨蒂姑丽。后来乌斯曼去世，赫里倩姆经人介绍嫁给了阿卜都拉合曼。现在，她把乌斯曼留下的正房让给萨蒂姑丽和丈夫阿穆特哈吉住，她与拉合曼老两口住在旁边小院里。我和王蒙的到来吸引了拉合曼家所有的亲戚，萨蒂姑丽夫妇带着五个孩子来看望。他们的长女名叫拉依赫曼，只有七八岁，却很能干，王蒙说她是他的维吾尔语老师，在她帮助下，王蒙已经能用维吾尔语作简单的对话了。

王蒙用维吾尔语问了拉依赫曼一句话，并向我解释说，"我问的是'您的家庭成份是什么？'这是维吾尔语课本上的一句话。"只见拉依赫曼严肃地、一字一字地也回答了一句维吾尔语，意思是"我的家庭成份是贫农。"她说话时张大了嘴，正面对着王蒙，示意让王蒙注意她的口型，那神情俨然是个称职的小老师。

所有这些活动都是在室外进行的。拉合曼一家特别重视呼吸新鲜空气。他们的小院子里，处处是果木，院门也不大上锁，别有一番情趣。王蒙后来在他的作品《虚掩的土屋小院》中，对此有详细的描写。

我们大家围坐在一个小炕桌旁，赫里倩姆为每人端上一大盘拉面，那面条长得让你用筷子挑不到头。席上说说笑笑，特别快乐，我感到像是作了一次极好的旅游，又好像我们在遥远的异域拥有了一座别墅。

然而，就在这高高兴兴的时刻，身边再次出现了阴影。

阿穆特哈吉匆匆走来告诉王蒙："你在伊犁州的朋友找你来了。"伊犁州的朋友？王蒙大惑不解。这时进来一位少数民族同志，经介绍才知道他是伊犁州一个局的干部，哈萨克族。王蒙初到伊犁时，住在伊犁饭店，与一位乌鲁木齐来的客人同屋。一天晚上，这位哈族朋友来找那位乌鲁木齐客人，便与王蒙攀谈起来，谈得很投机。从谈话中他得知王蒙马上要去巴彦岱，他说他会来看王蒙，没想到时隔半年，他真的找来了。这位哈族朋友汉语说得极好，发音准确，四声分明，语法也很完整，显然是受过专门培训的，与本地的"土"汉语完全不同。他看上去很精干，彬彬有礼，给我留下很好的印象。

但王蒙的神情十分尴尬，说话支支吾吾，嘴里像含着茄子。他这样突然反常，使我觉得很奇怪。那位哈族朋友似乎觉察出了什么，借口还要去看亲戚，匆匆告辞了。

回到伊宁王蒙告诉我，原来他听别人说，那位哈族朋友属于"思想有问题"的什么什么"分子"，正在机关接受监督劳动。王蒙生怕人们把他这个当过"分子"的人与另一个不相干的"分子"联系起来，看作是"阶段斗争的新动向"，所以一提此事就紧张得脸色都变了。他惶惶不安地问我："你看怎么办？"

"什么怎么办？"

"我真怕他再来。"

王蒙的紧张、惊慌使我非常难过。他究竟做了什么，会怕成这个样子！他从来不是这样，也不应该是这样的啊！

这件事深深印在我心里，一想起来就心酸。

维吾尔农民朋友们

冬天到了，我们迁入伊宁市二中新修的一排家属宿舍。这些房子后窗都朝向解放路二巷宽敞的土路。维吾尔人盖房往往喜欢把窗子开在临街的一面，他们说从窗内眺望行人诸景，是一种"塔玛霞"，即欣赏自娱。他们的窗子上一般挂有白色或淡蓝色的挑花窗帘。一块布，在它的周围边缘"雕刻"上蝴蝶或树叶图案，看起来栩栩如生，它几乎成了维吾尔人的表征。在伊犁，常见到一些妙龄少女用手工做窗帘，既显示她们的心灵手巧和好美习性，也表现出一种民俗文化。

迁入新居后，我也凑热闹，请维吾尔族女老师做了几个挑花窗帘，挂上，很新鲜。对于当地民族一切美好的东西，我们都乐于吸收，以丰富自己的生活。我们觉得，这不仅是入乡随俗，而且是从善如流。我的挚友、汉族老师张继茹见到我家的维吾尔式窗帘，说："学这个干什么，好好的一块布挖几个洞！"话虽这样说，可她至今还留在伊犁。她是在60年代初自天津支边去新疆的，一扎下去，就是一辈子。

没有料到，自挂上这窗帘后，几乎天天有人敲我家的门，找"阿衣霞姆"或"米吉提"等。原来，来人误认为我们是他们要寻找的少数民族朋友。等进了门，看到我们的汉族面孔，他们才大吃一惊，紧接着是抚胸行礼，连声道歉，且退且疑。

第二年春季，王蒙在巴彦岱的房东大娘（我们称她"阿帕"，就是"妈妈"的意思），同姐妹们一起专程来伊宁市二中看望我们。她们在我们门前房后转悠了半天，不敢敲门。后来进入室内，她们径直走到临街的后窗前，高兴得脸色发红，指点着我们的窗帘，尖声尖气地连连叫好，然后才顾上问我："你好吗？巴郎子好吗？来伊犁生活习惯吗？……"

王蒙特意为房东阿帕买了茶砖，烧了茶。他说："今天您到我家来，就喝我亲自烧的奶茶吧！"对于女客们来说，这也是打破惯例，因为在她们家里，男人是从不动手做这些事的。

"您看像不像，味道怎样？"王蒙征求天天给他烧茶的阿帕的意见。

"味道好极了。盐、奶都适度，如果再把牛奶用文火慢慢烧，烧起了奶皮，就更好了。"阿帕回答。

在新疆那些年，我们喝惯了奶茶，后来回到北京，还常常为买一块茶砖而到处奔波。起初在王府井茶庄和崇文门西大街的茶店可以买到湖南茯砖；以后那里没有了，为买茶砖，就得去二里沟的新疆驻京办事处。我们似乎仍然没有离开新疆，每每一面喝奶茶，一面回忆伊犁的往事。

房东阿帕问寒问暖。她建议我们把孩子接来，说老王在巴彦岱工作，我一人在家太孤单了。我们一起磕着瓜子，喝着茶，吃着小吃，有说不尽的话题。我和客人们的交谈，都由王蒙作翻译，他十分有兴趣地干着这个差事，认为是他学习维吾尔语的好机会。我注视着他，见他果真是一面翻译一面仔细观察客人们说话时的口型。

房东阿帕给我们带来了她亲自晾制的葡萄干。在她起身告辞时，她忽然摊开手帕，把我们待客的小点心和奶油糖果等拿了几块包起来带走。这举动使我很奇怪。事后王蒙说，当地人有这个习惯，这是表达他们的欢悦和对主人待客的满意。看来王蒙对维吾尔族朋友们的生活习俗，已经了解得比较细致，深入了。

在我们启程去新疆前以及刚到新疆时，王蒙一直反复地对我说："要深入生活，要跟少数民族打成一片，要真正地了解、熟悉他们，就得把语言学会。懂了语言，才可能比常人多一扇窗户，多一对眼睛，多一副耳朵……"这不仅是他的宣言，也是他的兴趣和行动。

当他作翻译、读维文原版小说及用维吾尔语与新疆各阶层人士对答如流地交谈的时候，许多汉族同志不禁提出一个共同的问题："你怎么学得这么快？这是天赋吧，我怎么就不行？"

依我看，王蒙学得有兴趣，但也很苦。他是无时不学，无处不学。那时没有什么广播教学和教材，凡是生活中能听到的，看见的，他都学。在维族地区，无论男女老幼，都可以成为他的教师。房东大娘的外孙女拉依赫曼，当时只有八九岁，就是王蒙的"小老师"。拉依赫曼口齿特别清楚，发音标准，

　　她认真负责而又当仁不让地担负起给王蒙教授维吾尔语的职责，一遍遍耐心地、不厌其烦地做示范，为王蒙校正发音和语调。王蒙每天就寝前，总要反复背诵数十个单词，他说这样记得牢。时常，夜深人静，他在梦话中连连高声喊着一个单词，吓得我直哆嗦。我从睡梦中被他惊醒，于是彻夜无眠。

　　后来"文化大革命"开始，要求熟记"老三篇"和"语录"，王蒙干脆诵读维吾尔文的"红宝书"，既符合上级要求，又学会了维语。有一次他用维语大声朗诵《纪念白求恩》，竟招来一位维吾尔老太太旁听。老太太甚至说，她原以为是广播电台的维吾尔播音员在朗诵哩。

　　王蒙主张学了维语就要用，并开玩笑说，他学到了八个单词，可以发挥十个单词的作用。一年以后，他给大队干部作翻译，已经可以达到同步翻译的地步，人家一边说，他一边译，同时理顺语法，弄清重点，人家说完他也正好译完。后来他回到新疆自治区文联工作，一些维吾尔同志开会发言，还都愿意找他当翻译，说王蒙的翻译能帮助他们发言成功，使他们的意图得到更好的表达，更易于被汉族同志所接受。1984 年，王蒙访问苏联乌兹别克加盟共和国首都塔什干。乌语与维语，用王蒙的话说，就像天津话与北京话一样地接近，所以他能用维语与当地人士直接交谈，乃至在接受电视采访时也直接用维吾尔语回答问题。当地一位导游用英语对王蒙说："我从未想到过一个外国人可能讲我们民族的语言！"王蒙对此得意极了。

　　王蒙也十分热衷于炫耀自己的维吾尔族语口语，一遇机会就爱讲。回到北京以后，说维语的机会少了，他无论在马路上或是商店里，只要遇到维族同志，便马上凑上去说几句维语，好似过了瘾。直到后来一度担任文化部部长时，他还是创造条件说维语。有一次，他与国家民委主任司马义·艾买提联合招待西藏歌舞团。

司马义·艾买提同志本来可以用汉语讲话，王蒙却硬是要他用本民族的维语致词，由王蒙担任现场翻译，以至于在场的西藏自治区负责同志开玩笑说，下次王蒙"犯了错误"下放，我们坚决要求把他下放到西藏，培养出一个懂藏语的部长——作家。这真不失为一个好主意，当然，王蒙只愿当个作家。

那些年，王蒙被剥夺了发表作品的权利，但是谁也剥夺不了他勤奋学习的精神；剥夺不了他深更半夜在梦话中喃喃说维语的习惯。他说："写不成，可以作翻译；翻译不成，可以学理发；当理发员也不成，还可以跟维吾尔同志交朋友……"反正他要生活。

"文革"十年期间，他把心爱的钢笔扔在一边。他的衣服口袋里、书包里，绝没有钢笔。遇到写个什么材料，填个表格之类，就向我们的儿子借笔用。"不写作了，不写作了。"这句话他常常挂在口头。他甚至以没有笔而自豪、自嘲、自轻、自贱。

他的深入生活，用现在时髦的话说，叫做"投入"，全身心地投入。

由于他维吾尔语讲得越来越流利，他可以与当地的少数民

1981年，王蒙回到巴彦岱，复习场上劳动。

族干部、农民完全打成一片。农村的与伊宁市的许多红白喜事，尽管是按照少数民族的与穆斯林的风俗进行的，王蒙仍常常是座上客。遇到都瓦（宗教祈祷），王蒙便低头静默，表示他虽不参与，但对兄弟民族与他们的宗教十分尊重。其他一切礼节，包括洗手方式以及盘腿而坐，把掰碎了的馕泡茶吃、敬老；还有礼貌用语，如第二人称和各种祈使式动词采用尊称形式等，他都可以毫厘不差地做到合乎标准。他常常衷心赞美兄弟民族生活习惯中讲卫生与讲礼貌的特色。他很善于发现他们的长处，我从未听到他说他们一个"不"字。

事隔许多年后，1990 年我与王蒙重访新疆，在伊犁和巴彦岱乡，当地农民、知识分子，仍都把王蒙当做自己的亲人。每到一处，就有欢乐和泪水交织着。主人杀鸡宰羊，倾吐衷肠；分手时，依依不舍，洒泪话别。伊犁河畔一个庄子里，公公婆婆都已去世的古丽尼莎见到王蒙，一面叫着"老王哥哥"，一面抱住他痛哭失声，在场目睹者无不为之动容。同样在乌鲁木齐的文联宿舍，已故维吾尔著名诗人克里木·霍加的妻子高哈丽雅（塔塔尔族），一个当年的金发美人，见到王蒙也是抱住他放声大哭达五分钟之久。在场的陈柏中同志说："做人能做到这样，一个作家能做到这样，也就可以了。"临别时，高哈丽雅把诗人生前最喜欢佩戴的一条可可色领带送给了王蒙。

王蒙在巴彦岱劳动锻炼期间，担任了一年副大队长，怪不得后来我们重访巴彦岱时，许多农民老远就喊："大队长来了！"他们忘不了他。王蒙对农村基层干部也很有感情。他坚决反对那种不分青红皂白，随意攻击、谩骂村干部的做法。
1978 年 5 月，王蒙第一次重新在《人民文学》上发表作品。
那篇题为《队长、书记、野猫和半截筷子的故事》的小说，开
头就有这样一段话：

> 应该怎样为人民公社的基层干部画像呢？
> 是描写他们的风吹日晒下黝黑而皴裂的皮肤
> 吗？……同情他们熬红了的眼睛和嘶哑的喉咙
> 吗？……还是为了他们往往处在矛盾的焦点，受
> 到各方的夹击而不平呢？

当时，王蒙所在的第二大队，党支部书记名叫阿西穆·玉
素甫。1990 年，我们重访这位已退下来的白发书记的家，王
蒙自豪地指着房顶说："你还记得吗？ 1968 年你上房梁的时候，
我还来帮过工呢！"

"啊，是啊，我们忘不了。你们也要记住我们的成绩。我
们保护、培养了一位作家，让全世界都知道了我们伊犁的巴彦
岱……"。"阿书记"诙谐的话，引得众人大笑。

1990 年底，"阿书记"为给现任乡支部书记卡利·毛拉克
配制假眼，两人一起到北京来住了一个多月。这期间一直由王
蒙接待。对于他们的食宿、市内交通及联系假肢厂检查定制等
事情，王蒙都大包大揽下来，我则专门招待他们来我家做客，
并给他们摄影留念。

王蒙在伊犁巴彦岱庄子的维吾尔族老乡家里。

　　除了在巴彦岱的房东阿卜都拉合曼外，王蒙还有一家房东，老汉名叫伊斯哈克，大娘名叫穆斯罕。前面提到的与王蒙抱头痛哭的古丽尼莎便是他们的儿媳。他们都来自南疆的喀什噶尔。那时，穆斯罕生的第一个孩子夭折了，他们心情恶劣，便步行三个月，来到了伊犁。他们给王蒙详细讲述从焉耆翻过天山冰峰来到新源县的情形，讲他们怎样在天山的刺骨寒风中过夜。我们听了，深感生之维艰。活着，本来就不容易啊！

　　伊斯哈克质朴，老实，勤劳。穆斯罕则性情开朗，喜欢唱歌，有时她在劳动时引吭高歌，嗓子又尖又亮，像少女一样。她唱的歌都是南疆风味的，用王蒙的话说，是"骑毛驴吃桑葚"的味儿（南疆有植桑养蚕的悠久传统），与北疆民歌的骑着马奔驰在草原上的犷野风味不同。每逢节假日，我来到王蒙这里，穆斯罕便为我铺好了舒适的毡子，端上有厚厚奶皮的奶茶，非留我过夜不可。当夜幕降临时，我推开屋门，面前是一片迷茫的辽阔的原野，远处传来狗吠声。伊斯哈克家的狼犬已经把我们认作朋友，一声不吭地蹲坐在房前守卫。

　　不但我和王蒙与伊斯哈克、穆斯罕结下了深厚友谊，我们的孩子也与他们的一儿一女结为好友。儿子一来，就跟上他们去游戏；如果赶上打麦，三人便一同去麦场，骑在那拉着石碾子脱粒的马上玩耍。伊斯哈克的女儿叫塔西古丽（石头花的意思），秀美而骠悍，管教他的弟弟拉合曼时从不手软，常常伸手就是一巴掌，干活也极利索。她一见王蒙就大喊"大队长哥"，特别爱听王蒙给他们讲故事。她不满 17 岁就出嫁了，现在已是好几个孩子的母亲。

伊斯哈克有一次很认真地问王蒙："中国在什么地方？是在喀什噶尔么？"

王蒙告诉他，中国是我们二十九个省、市、自治区（当时海南尚未划省）的总和，当然也包括新疆——伊犁和喀什噶尔。可无论怎么讲，老汉也不明白，连什么叫新疆他都不明白，他只认可具体的村镇，最多到县市。王蒙谈起此事总是不胜叹息。这些维吾尔老农，一方面是那样善良、纯朴、真诚，待我们如同至亲骨肉，确有许多优秀品质值得我们学习；另一方面，他们却又实在是太闭塞，太缺少文明教育的洗礼了。边疆的一切，真是让人牵肠挂肚！

前面说到打麦场。伊犁是以小麦为主要作物的地区，与内地相比，人均占有耕地要多得多；加上伊犁夏季干旱，不用忧虑小麦受潮发霉发芽；再加上当时吃"大锅饭"，农民出工不出力，他们的收麦与内地争分夺秒、抢收、抢打、抢藏、抢运完全不同。7 月份收完麦子，打场一般要打到 10 月。1966 年小麦特大丰收，打场竟拖到天寒地冻还没打完，索性把麦子扔在场上，让冰雪覆盖，等第二年 4 月解冻后再接着打。这样的奇观，在关内是无法想象的。不过，1967 年，我们普遍吃了一两个月的"芽面"。这种用发芽的麦子磨出的面粉，黑、糟、粘、甜，很不好吃，但营养未必差，说不定还能帮助消化，麦芽本来是可以入药的嘛。

每年夏秋之际，王蒙都在麦场上劳动。他学会了摊场、晒

场，直到有一定技术性的扬场。他很喜欢干这个活，说它有
"韵律性"，而且，看金黄色的麦粒升空落地，沙沙作响，是一
件很有趣的事。一到扬场时，王蒙的头发上、眼镜上、脸上、
身上、衣服上和鞋子里外，不但挂满尘土，而且全是细毛毛的
芒刺纤维。那种土中求食的形象，着实耐看。

打场疲倦了，浑身又全是土，王蒙多么想跳进大海去戏
水！我知道他是最喜欢游泳的，然而眼前哪里有海？哪里有江
河？哪里有哪怕是小小的游泳池？有的只是路边的一道小渠
沟，一个小泥坑。即使这样，他也曾脱掉衣服跳进去，跟当地
的一些光着屁股的巴郎子混在一起，戏水自娱。每当他说"今
天下水游泳了"，我就替他难为情，路上那么多行人，还有过
往汽车上乘客的眼睛呢。唉！你真是！

一劳动，王蒙就换上最破最破的衣裳。那身衣服洗了又
洗，补了又补，后背部全是汗渍。他的衣服之破，不但在城
市，就是在当时物资匮乏、生活贫困的农村，也可以数一数
二。有时我觉得他是在有意无意地突出显示自己的衣衫褴褛。
为什么呢？是表示艰苦朴素？是不修边幅的名士风度？还是低
头认罪，只有那副样子才能说明自己改造得好？我觉得他做得
太过头了。为这，我俩常常争论不休。我认为不管处境怎样恶
劣，劳动也好，改造也好，自己是个"大写的人"，就应该堂
堂正正地挺起胸膛做人。我行我素，是我的一贯主张，干吗穷
酸到这种地步，褴褛到这样一副叫花子相！我悲哀至极。

王蒙的自行车也是远近驰名的。还是 1956 年新年买的杂

牌车，车身锈得一塌糊涂，车把断了又焊上，大梁也断过焊过一次，车条常常缺俩少仨。巴彦岱的农民都拿他的车取笑，但又称赞他的车骑起来轻，好使，以至有人试探着想给价买他的车，但王蒙拒绝"出让"。他在巴彦岱的房东家里养了一只黑白花猫，每次远远听见他那自行车"除了铃铛不响哪儿都响"的响声，猫就会跳上房顶，一直跑到村口去迎接他。这辆破车一直用到 1975 年他买了适合农村用的加重"飞鸽"，又直到1979 年我们离开新疆前才正式与它告别。

王蒙至今仍然喜欢骑自行车。在文化部任职时，他买了一辆英国产的女式凤头车，凡到近处去办事，他就骑车。可凤头车太名贵了，一般的存车处他都不敢存，反而不如骑破车方便。他开玩笑说，虽然"鸟枪换炮"了，毕竟不如扛着鸟枪时潇洒。在新疆骑的那辆破车，连车锁都没有（曾有过锁，由于丢了钥匙，他用石头把锁给砸了），去澡堂子洗澡，一去起码一个小时，他就把车大模大样地放到浴池大院，从不会丢失，多方便，多自在！

在本文开始时，我曾谈到临街的窗。不错，它是一景，从里往外眺望静和动的景物，满有伊犁特色；走在巷子里，看一排排窗户朝街的房子，和家家户户挂着的精美的富有民族特色的窗帘，也很有味道。可是这样的窗子也给我带来了不安，我常常觉得缺少安全感。日间有时有顽童向我们的窗子扔石头，石子穿过玻璃窗飞入室内，打碎了物品是小事，一不小心还会伤人。到了夜间，更是害怕非常，生怕会破窗进来一个坏人。王蒙有时忙，回不来，我只身一个人，常常竖起耳朵听动静，难以入眠。王蒙在巴彦岱的劳动强度很大，有一天收工已是夜里 11 点半，他极累，可是想到我一人在家害怕，他还是蹬上那辆破车，夜行十里路赶回家来。到家快下半夜一点了，当！当！当！窗户上敲了三声响，这是我俩的暗号。我立即惊喜地跑出来。谁知家属院的后大门锁住了。王蒙推着车在门外，我站在门里。

"这怎么办？"

"怎么办呀？"

"找钥匙去。"

"不行，太晚了，没法敲人家门。"

王蒙急中生智，见大门底下有半尺多高的空隙，便把破车往当街一撂，自己从门下爬了进来。

我给他掸掸衣服上的土，问"车呢？""不管了。"对于把自行车扔在大街上，他完全放心。他说："贼娃子（西北地区这样叫小偷）都是有本事的好汉，如果他们偷了我的那辆破车，他们不觉得丢人，不觉得晦气吗？"

我欲笑无声。

（上面这一大段破衣、破车的事，我本是不愿意提的，觉得实在太"有损形象"。但王蒙坚持我应该如实记录，说是既要写"过五关"，也要写"走麦城"。）

风风雨雨在边陲

转眼，我们来到伊犁将近一年了。对这儿的生活很快适应了。王蒙学会了维语，走到哪儿说到哪儿。无论是伊宁市还是巴彦岱，到处都有欢迎我们"房子去，房子去"的招呼与笑脸（维语中"家"与"房子"是同一个词，所以伊犁人包括汉民在内，邀请朋友到自己家做客时，都说"房子去"）。会说和不会说汉语的农民，都会用汉语称呼王蒙"大队长""老王哥"或是"王民"（他们发不出"蒙"的音，把"蒙"读成了"民"），也有人就亲切地叫他"老王"。他所在的生产队评选五好社员，许多人竟提名王蒙，后来有人说"他是不拿工分的，还不算社员"，才没有正式评上。这里的老老少少，都喜欢和王蒙说话拉家常，他们向他讲述自己的困难和牢骚，也说着维吾尔式的巧语和笑话。

　　王蒙特别喜欢听，也喜欢唱维族歌曲，尤其是伊犁地区的民歌。北疆的维吾尔歌曲，不像汉族歌曲那样完整，而是带着一种自然的即兴发挥，像一条感情的河，随着地势而曲折地流淌。王蒙欣赏它们那种忧郁、深情，而且充溢着散漫和孤独的美。他在劳动之余也学着唱，练了半天，感觉到最难学的是不断地周而复始又不断地变化着的旋律，那里边还有许多半音。他口中整天哼着那首《羊羔般的眼睛》，但他说他没有学会，因为那首歌第二句的旋律变化太叫人抓不住了。

至今，在某些场合下，如果有人提出"王蒙唱一首歌吧！"他还会欣然接受。只见他的眼睛里显出追忆的神情，似乎在竭力寻找着感觉，然后用维吾尔语，味道十足地唱起《阿娜尔罕》或《阿瓦古丽》。仔细听，还真有那么点戈壁滩和天山雪峰的味道哩。

1966 年春耕时节，王蒙在巴彦岱的农活忙起来。抽空还要给老乡担水。因为修渠，近处的水源暂时不能用，挑一担水要走出二里地，而且扁担是一根圆滚滚的树棍子，中间拧了一道麻花，两端挂上一大一小两只洋铁桶，才走出两步，扁担就开始在肩上翻滚、跳动，肩膀被挤压得红一块，青一条。尽管这样，王蒙还是坚持挑水，他认为，这是他在生活中应尽的一点义务——他的房东阿帕正忙着为他烧茶哩。他一忙，回伊宁市也就少了，尤其在上次回来晚了大门锁住的事，他觉得惹麻烦太多，再不敢那么冒失了。

有一回，我们学校组织师生在通往巴彦岱的公路上劳动。完工后，我不回家，沿着相反方向步行一个多小时，来到了王蒙的房东——阿卜都拉合曼家。我的突然到来，受到他们全家人十分热烈的欢迎。房东阿帕忙着切非常鲜的羊肉、胡萝卜和洋葱，在用柴火点燃的炉灶上做了一锅抓饭。户外天棚下低矮小饭桌上摆好了许多盘抓饭。我踌躇了，"是不是需要用手抓？"阿卜都拉合曼微笑着说："不用，用勺。"他拿起勺示范。他们对汉族同胞还是"放宽政策！"的，但他们自己更喜欢用手抓着吃，据说用手抓才吃得香。

晚间，房东的亲戚全来了，我们盘腿围坐在毡子上，说笑话，拉家常。

那天我夜宿在王蒙平时住的那间小茅屋里。屋子面积只有四平方米，除了一个炕、一个灶外，屋顶还有一个歪斜的通往天空的烟筒。有趣的是两只燕子在屋檐下做了窝，彼此相亲相爱。王蒙不止一次对我说，他听老乡说过，燕子要选好心人的房子才会住下来。他直感到这儿的风水好，命运不会亏待他的。

"你想孩子了吗？"他问我。

"想了，十分想。有时听到窗外孩子叫妈妈的声音，我的心疼得揪在一起。"

沉默之后，我们再次商议，孩子还是来到我们身边好。

夜沉沉，满天的星斗闪烁，正像我们的心彼此照耀，不必喧哗。

王蒙在这间小屋还要住多久？我不能问。

"这儿很静，夜间很得歇。"我说。

"是这样"，他说。

"我也喜欢住小屋，如果离我们学校再近一点，每天我都会来。"

"是啊！是啊！"王蒙好像突然变得不大会说话了似的。

小屋的空间虽小，两颗心的心事却无边无际。我们议论、分析了当前及未来。到新疆来，好；到伊犁，好；下乡，好；维吾尔农民，好。这一切都是好事，好事加好事，更是大好事。但这些好事又通向何方呢？我们这样好下去，究竟是好到哪里去呢？

还有我们的双亲，我们的孩子怎么办呢？

当年秋后，"文化大革命"的狂涛波及到了伊犁。"破四旧"、全国大串联的消息从玉门关那边传来，我们学校的"革命小将"也闻风而起。他们罢了课，并闹着要到北京去。

一天深夜，我家外面忽然响起一阵乱喊乱叫声，门上发出"唰！唰"的声音，好像有狗在扒门。幸亏王蒙在家，否则我会吓得魂飞魄散。

"你听听，这是怎么了？"我对王蒙说。

"睡吧，没事。"他回答。

第二天清早，我推门想出去，门却推不动。费了好大劲才把门打开，原来，大字报已经铺天盖地地贴到我家门上了。当天，几个红卫兵闯进我家，先抄走室内一些装饰布，然后环顾四周。

"抬走这个！"一个领头的指挥着，抬走了我家的沙发和转椅。他们说，坐这么柔软的椅子，是"资产阶级生活方式"，还说要把沙发、转椅拿出去游街示众。嘴里虽这么说，他们几个人可轮流坐在转椅上玩耍。我上前阻止："你们不是批判它吗？怎么还坐在上面转着玩，欣赏它呢？"那几个人无言以对，可也不敢再玩下去。到底是新疆的红卫兵见识少，连"革命造反"的气势都比关内弱两级。但最后，他们还是推来一辆平板车，把我家的沙发、转椅和另几位维族老师的高筒丝袜堆在车上，游街一圈"示众"。

估计红卫兵们还会再来归还转椅，王蒙把我们家墙上挂的我俩唯一的一张结婚照取下来，在三面墙壁上挂了三张毛主席像。其中有一张是毛主席坐在沙发上抽香烟。

"你应该跟他们辩论，毛主席就坐在沙发上，有什么不可以？"王蒙说了这么一句。我想了想："还是不要提毛主席吧！"

果然，"革命小将"回来了。进了我家，就往墙上看。

"这不是毛主席也坐在沙发上吗?!"王蒙耐不住，脱口而出。那位小将鼻子里哼了一声，没说什么，又转过头去研究南墙上挂的另一幅毛主席像。

"这张像有问题！你们看眼睛！"

几个红卫兵七嘴八舌地叫着："这是阶级敌人捣的鬼，毛主席的眼睛一大一小！"

那天闹腾了一阵，还好没出什么事。不少人为王蒙担心，怕他在新疆有危险。

要说有危险，我们的确天天在危险之中；但也可以说没危险，因为伊犁确实没有什么人想对王蒙下手。有人说，王蒙虽然人、户口和"家"都已搬到伊犁，行政关系和档案却仍在乌鲁木齐，成了个"两不管"的人物，所以没人整他；也有人说，

王蒙早在 50 年代已被"揪"了出来，现在不过是下乡与农民
一起抡砍土镘，只能算个"死老虎"，所以没人再"揪"他。
我觉得，最重要的还是王蒙自来到伊犁后，始终谦虚谨慎，踏
踏实实地与当地群众"三同"，尤其尊重兄弟民族，热爱边疆
一草一木，又在极短时间里学会了维吾尔语，完全与当地群众
打成一片，这就使他置身于人民群众的保护之下。确实，整个
"文革"当中，他没有被抄过家，没有被动过一根毫毛。北京
有些老同志知道后都说："这简直是奇迹！"

"文化大革命"一开始，王蒙所属单位——新疆维吾尔自
治区文联就成了整顿的重点，《新疆文学》主编王谷林同志被
揪了出来，报纸电台口诛笔伐，声势浩大，惊心动魄。当时王
蒙正在农村忙于夏收，只是收听到批王谷林的广播，颇感心惊
肉跳。这里还有一个有趣的小插曲。1966 年 8 月夏收大忙季节，
巴彦岱二大队各生产队展开了夏收流动红旗竞赛。第一阶段十
天过后，第六生产队进度最快，大队准备把红旗评给六队。但
第一生产队副队长雅阔甫江提出了一个问题：

"你们批判王谷林了么？"

六队队长是个农民，完全不懂文学，更不知道王谷林这个
素不相识的人是谁，所以茫然不知所对。

雅阔甫江有一定文化，爱当领导，又善于辞令。他乘机讲
了一通，说只抓收割小麦不批判王谷林是"方向有问题"。就
这样连蒙带唬地把红旗评给了麦收不好的第一生产队。

1967 的，王蒙曾短暂回过一次乌鲁木齐，见到王谷林。

他把这事告诉王谷林，当时身份为黑帮，正负责打扫工作的王谷林笑了，操着他的苏北腔说："我还成了评比红旗的条件哟。"（后来王谷林担任了中国作家协会办公室主任，现已离休。）

当然，在这场风暴中，王蒙也有几次有惊无险的经历。1966 年 11 月，在全国批判资产阶级反动路线的高潮中，庄子上有几个从甘肃来新疆的"自流人员"给王蒙贴了大字报。其中一个人外号叫"泡克"（大粪），他的几只母鸡吃了农药毒死了，他坚持认为是某个老农投的毒，理由是那老农和他吵过架。这件纠纷找到了"王大队长"，王蒙认为吵架不能作为判断投毒的依据，但"泡克"不听，认为王蒙没有为他作主，便忌恨起王蒙来。王蒙对此多次叹息过，说不学习形式逻辑的起码规则，真是有理说不清，无理也搅三分。还有一位社员，动辄写信控告别的社员，王蒙对他态度也比较冷淡。这两个人突然贴起大字报，大致内容是："王益民是大右派，要把这条毒蛇揪出来！"

他们显然并不了解多少情况，连王蒙的名字也没写对，但还是祭起了杀手锏。

提到："右派"，王蒙就没什么话可说了。他除了保持沉默，还得接受这两审计员的"质询"。他做好了最坏的准备。

但是那两人是太不得人心了，没有任何一个土生土长的农民响应他们的闹哄。阿卜都拉合曼叹息说："怎么能无缘无故地给一个人抹锈（即抹黑）呢？这难道是'造反有理'码？如果这样地造下去，早晚会变成造反无理的。"

这样，那两人终于没能闹起来，王蒙仍然平安。只不过公社领导认为在这种情况下，王蒙不宜再担任大队的领导职务，便悄悄停止了王蒙的大队长工作。

再一次有惊无险是 1969 年初，王蒙所在的新疆维吾尔自治区文联两派群众组织的"大联委"给巴彦岱公社革委会写来一封信，说王蒙是没有改造好的 ×× 分子，应冻结其所有存款。公社革委会研究了一下，认为王蒙在巴彦岱"表现很好"，如果自治区某方面认为王蒙有问题，要杀、要剐请你们自己来做，我们没有义务听你们什么"大联委"的指挥。公社一位名叫赵福的锡伯族同志，把这些情况原原本本地告诉了王蒙。

与此同时，由新疆建设兵团派出的宣传队进驻公社搞"斗批改"。他们先找王蒙训诫了一通，过了几天又对王蒙说："经我们研究，认为对你仍是可以利用的，我们准备留你在大队搞文字与口头翻译。"这样，王蒙不但没有在"清队"中挨整，反而成了与闻机要的工作人员。宣传队员与大队干部关系不协调，王蒙尽量帮助他们沟通。一位宣传队员要申请入党，甚至让当时没有共产党员身份的王蒙替他起草入党申请书。在我家的相册中，至今还保存着一张照片，是宣传队员、大队干部与王蒙的合影，照片上写着惊心动魄的八个大字："团结起来，共同对敌"，这是当时"清队"的口号。王蒙还帮助写过许多标语，写过阶级斗争教育展览会的解说词。无怪乎当时一个下乡插队的高中毕业生（女，锡伯族）赞叹说："像老王这样的，人又好，又有本事，无论什么时候都是受人欢迎的呀！"

然而，提起这段历史，也让人觉得有点不好意思。王蒙算不算是曾经"助左为虐"过呢？

王蒙被命运弃置于边疆一隅，像一条鱼被抛在沙漠里，那他会不会活活地被晾干晒死呢？不会。他热爱生活；他爱边疆，爱边疆人民，和他们相处得很好。他仍然感受到生活的乐趣。事后他对我说："古语说，大乱避城，小乱避乡。像'文化大革命'这样的大乱，政治性的乱子，越是大城市越厉害。我当时若在北京，不被揭掉一层皮才怪。恰恰是边疆伊犁，什么事都'慢三拍'，又是少数民族地区，所以缓和得多。第一，伊犁基本没有抄家的；第二，伊犁的私房一直私有。就这两条，在'文革'中已经是奇迹了。我们到伊犁，真是不幸中之大幸啊！"

1967年6月，这里的两派武斗达到极点，上街不时会吃到冷弹。正在这节骨眼，一辆毛驴车停在我家房门前。

王蒙在巴彦岱的房东阿卜都拉合曼，微笑着看着我们，慈善的双眸发着光。

"老王，接你们来了，快收拾一下，跟我走。"

一时我们喉咙梗塞，惊喜交集。

我俩连声说："好，好。"顿时觉得有了安全感。在这样的紧要关头，房东的这种深情厚意，实在感人肺腑。

我们立刻把家具归整了一下，带上简单的行李，把家中仅有的粮食、食油装好，屋门上好锁，暂时告别了在伊犁的家。

毛驴上路，阿卜都拉合曼坐在车首，稳重地赶着车。我俩连同行李的重量把车板压得低低的，我真怕累坏了牲口。毛驴很听话，躲着迎面开来的"战斗"卡车，小心翼翼地赶路。一路上穿过两派声嘶力竭的呐喊和远方传来的轰隆隆的炮声，我们平安到达了王蒙在巴彦岱的"家"。

迈进老乡家门，我们一颗悬挂的心落在了实处，心想再大的邪恶，我们也是无所畏惧的了。

这边一派风景独好。丰满的向日葵向我们行礼；棚架上串串葡萄垂挂；苹果满园；朵朵鲜花盛开。王蒙初到伊犁时，曾为这个小院写过几句旧诗：

濯脚渠边听水声，

饮茶瓜下爱凉棚，

犊牛无赖哞哞里，

乳燕多情款款中。

院中的炉灶又移动了，房东阿帕总喜欢改变环境布置，经常不是把炉灶砌在凉棚下，就是搁到西面墙角去。屋里屋外，处处渗透着女主人的勤劳。常年日晒风吹，她丝毫不感倦怠。这时，她喜笑颜开地为我们安置好住处（王蒙初到这里时住的四平方米的房子已拆掉，他已和房东合住在大屋里）。

"这回你们多住些日子，等太平了，再回去。"

我们不客气地一住就是五十天。王蒙上工，我在院子里的苹果树下看书，信手可以摘果子吃。每日三餐，盘腿入座，吃现成的。维族女主人是不让宾客动手帮忙的。

院子虽静，我却心乱如麻。实在太憋闷了，这日子什么时候能到头呢？

当我们重返伊宁二中的家时，发现门上的锁已被撬坏。所幸物品损失甚微，只一听四鲜烤麸和一匝挂面不翼而飞。

回到伊宁不久，我们就把孩子接到了身边。同时接来的还有王蒙的二姨。她年轻丧偶，无儿无女，孤苦零仃。在年近60岁时，她毅然投奔我们，说我们待她好，愿意和我们一起度过晚年。王蒙也很想为二姨尽一份孝心。她不仅是他的姨母，而且是他的第一任文学教师。是二姨教5岁的王蒙写毛笔字，也是二姨帮助他造长句、做作文的。

天有不测风云。二姨从北京万里而来，兴奋至极。没想到不到两周，她竟突然患脑溢血，没留下任何遗言，就默默地与世长辞了。王蒙悲痛万分。那几天我正和学生们在农场参加麦收劳动，食宿在现场，没法回家。一切后事料理，只好全靠王蒙一人。幸亏有我们学校的哈萨克族老师阿卜都拉亦穆和六中的马车夫王平山师傅帮忙，才顺利地把诸事安排妥当。我至今仍要向这两位朋友表示最崇高的敬意。

如今，我们全家都回到了北京，二姨却永远留在异域。一想起来，我们就心痛如绞。安息吧，我们可怜的二姨！

这时期，王蒙经常喝酒，饮酒量比过去增加了好几倍。这现象我能理解,他心中太郁闷,而且又处在当地少数民族同胞大都喜欢喝酒的环境中。

王蒙喝起酒来,不拘形式,不分场所,也不讲究下酒菜。一天他正骑车赶路,突然被大队会计伊尔泰截住,伊尔泰叫他一声大哥,把他拉到路边玉米地里,随后就从腰里掏出了酒瓶。没有酒杯,没有下酒菜,伊尔泰顺手拧下自行车上的铃盖,把酒倒在里面,仰头一饮而尽。两人就这样足喝了一通。

还有一次,王蒙被一帮人叫了去。大家围坐在桌子四周,桌上放的是57度劣质散白酒,边上有几头大蒜瓣做酒菜。只有一个酒杯,每个人喝一口酒,唱一支歌,然后把酒杯传给下一位。满桌的维族同胞,看不出中间还夹着王蒙这么个汉族人。他开口唱的也是维族歌曲。

那天他是下午被叫去的,到了晚上9点还没回家。我放心不下,便上街去迎候他。等了片刻,只见他扶着墙壁慢慢走来,随后又抓着电线杆子大笑,笑得没完没了,口中还不停地说:"好,好,好……"人们都说酒后吐真言,王蒙却连声只说一个"好"字。我知道,他是大醉了,赶忙挽着他回到家,安顿他睡下。不料他在半夜三更的梦话中喊的还是"好!"

这些年,他坐下了这么个毛病,常常在夜间将睡未睡着之时,下意识地突然喊出一个怪声:"噢!"吓得我浑身发抖。他叫完了,睡了,可我拿不准他什么时候会再叫,只得支着耳朵等着。他睡着了,我却瞪着眼睛,捂住心口,难以成眠。一连许多年,每每我都这样忍耐着,受到这种奇特的折磨。

别人抽烟是一种享乐，是过瘾，是提精神，调节情绪。王蒙抽烟却纯粹是催眠，是无聊和无趣，也始终没有成瘾。他抽第一支烟是在 29 岁。那时他刚到乌鲁木齐，在一次茶话会上，一位老同志递给他一支烟。他推辞说："不会。"那老同志说："抽吧，抽吧！"推让了半天，王蒙把烟点燃了。但只抽了几口就呛得不成样子。回家后他跟我说："今天我抽了半天烟，太呛。"这一下搁了两年没摸烟。"文化大革命"中，他太烦闷了，不由自主地吸起烟来。他抽过莫合烟，像维族人一样，裁一张报纸边，把莫合烟末洒匀，卷起来点燃了抽，一会儿就灭掉。他也抽烟斗，但大多数还是抽香烟，各种低劣的烟他都领略过。不过，他抽烟有个特点：点燃起来刚吸几口就困得不行，有时甚至睡着了。所以对他来说，抽烟是起了催眠作用。他也从不上瘾，每天实在无事可做时，才抽上两支。

记得是在打倒"四人帮"后没几天，他坐在写字台前，满脸凝聚着一种庄重的责任感。他忽然郑重宣布："不抽烟了。从今天起再也不抽烟了。"真的，从那时起，他再也没有沾过烟。

1990 年春天的一个晚上，我俩正在饮茶闲聊，他突然对我说："我想抽一支烟。"我的心紧缩起来。烟就在茶几上，有登喜路、万宝路等各种名牌。我几乎是恐惧地等待着他去抄起一支烟，然后熟练地划着火柴点燃……但他到底没有抬胳膊去拿那伸手就能拿到的香烟。

谢天谢地，我庆幸他终于没有抽上烟。

在那动乱的年月里，学生也跟着乱动。我和一位名叫李洪的女老师在前边走，后边就会飞过来石子，躲也躲不及，还伴随着阵阵声嘶力竭的口号声："王光美，打倒王光美！"起初我们很奇怪，这是喊什么呢？我们又不是王光美！后来才恍然大悟，原来我俩穿着裙子哩，那时这是不允许的！为了避免不必要的骚扰，我们只好忍气吞声脱掉裙子，换上灰布长裤。

我家临街的窗子外面，就是两派观点不同的红卫兵组织的"接火"处。每天深夜都能听到一方"告急！告急！"的广播，另一方则使用功率超过对方几倍的高音喇叭，大放"语录歌"。日子长了，我那小儿子石儿在和小朋友玩耍发生冲突时，也会高声大叫："凡是敌人拥护的，我们就要反对……"他会背的第一首诗，就是毛主席诗词。

刺耳的高音喇叭的吼叫声，加上土造手榴弹弹片的狂飞乱舞，严重地威胁着我们的生存。王蒙首先建议："再不能在这儿住下去了，在外面找间房子吧。"我也早有这个想法。从1966年以来，我俩都患上了"恐小将症"。

于是，我们多方联系，展开了紧张的找房活动。在伊犁新结交的各族朋友不约而同地向我们提出建议：沿解放路往南，伊犁河边，那里比较僻静，最好去那里住。

1967年10月，我们在市中心正南方租了一处私人住宅。一间半北房，年房租80元。地址是：新华西路一巷五号。

搬家那天，只用了一辆四轮货运马车。赶车的是我们学校一位早已被"打入另册"的维族老师米基提。1957年，他无辜地被从讲台上拉下来，从事体力劳动；"文革"期间他也没有资格参加任何派别，别人造反，他只能埋头赶车。一路上，他少言寡语，但驾车技术娴熟，把我们那一大车东西稳稳当当地赶进院子，一直停到带有暖廊的屋门前。这样我们就省力多了，轻而易举地把家具什物搬入了室内。

"谢谢，谢谢你！"我们不知道该说什么好。米基提眯起眼睛微笑着，赶着车走了。

1990 年我们重访新疆，我回到伊宁市二中，在教学楼前又与米基提重逢。

"你受苦了。'文革'中你还帮我们搬过家哩。我记得很清楚，是你赶的马车。"我说。

他一直含泪看着我，我的话刚说完，他就哭了。一个男子汉，和我并不很熟悉，也不是同一民族，却站在我面前，泪水直向下淌。我不禁愕然。后来才从另一位老师那儿听说，米基提的遭遇太惨了。从 1957 年开始，他忍受了半生的屈辱，但到党的十一届三中全会以后，1978 年为错划右派平反改正时，却意外地发现，他的档案中根本就没有划成右派的记录，连改正都无从改正起！这是一桩多么惊人的错案！米基提白白受了那么多罪，到头来连一句平反、安慰的话也得不到，剩下的只是一个零！

新华西路一巷五号是一个值得回忆的小杂院。这里发生的一切，在王蒙的小说《逍遥游》中，有详尽的描述。

躲在小院里，日子也不见得那么好过。原来我们还是没能躲出"武斗区"。离新华西路不远就是第六中学,那里是卫生学校"红炮兵"和六中"血战红师"所占领的"据点"。连日来,他们与另一派短兵相接,真枪实炮,"战斗"十分激烈。入夜以后,枪炮声更响,步枪、冲锋枪、轻重机枪,甚至加上大炮,轰隆隆地,似乎整个城市都变成了战场。

为了安全,我把两个儿子安排在桌子下面睡觉。这一招是从我母亲那儿学来的,战争年代她也曾这样安排过我。我哄着孩子入睡,表面上镇静,心里却十分紧张。万一大炮轰到这里,岂不是一切都完了吗?那一夜,我思前想后,甚至作了"壮烈牺牲"的准备。但又一想,为什么呢?值得吗?这是怎样的一场糊涂"战争"啊!

第二天上午,我们全家四口和院里的邻居们站在小跨院的土坡上观看。只见天空升起熊熊烈火,硝烟弥漫,六中平时高高挂起的那面旗帜已经倒了。后来听说,六中损失很大,许多教室被烧毁。

武斗期间定时供水,由一位维族老汉看管,过时不候。这一天,我家的水用尽了,王蒙抄起扁担去挑水。他中午1点出的门,过了半点还不回来,连9岁的小儿子都着急起来。正在我急得团团转时,王蒙挑着一担水回来了,水面上还漂浮着青苹果。他说:"队伍太长了,好不容易才挑上这两桶水。正巧遇上私人小贩卖苹果,我买了二斤,没地方放,就想出来这个法子。"这真是他的独创,不但苹果有地方放了,水也不易溢出来。我们高兴极了,王蒙更加得意,又补充说:"街上两旁都站着持枪的人，我是在枪口前挑着水桶走过来的！”我和孩子们连声赞扬："你真够勇敢的！"

可能是受了周围气氛的感染，我们的大儿子山儿拿起玩具手枪，冲到院门前"啪！啪！啪！"地左右扫射，口中还不断地喊出："冲啊！杀啊！"正玩得开心，骤然周围"哒！哒！哒！"地响起来，是真的子弹的射击声！我们赶快躲到窗户下面。一阵射击过后，我们发现院门口的电线杆子被冲锋枪子弹打穿了一个洞！我吓得不知所措，把儿子狠狠数落了一顿。他的玩具枪居然招来了"真格的"，太可怕了。可训完后，我又抱起儿子，好心疼。

我们很喜欢养猫。在我们养过的猫中，再没有一只比我们在新华西路小院里养的那只黑白花的"花儿"更可爱的了。它绝顶聪明，甚至可以说智商不比人差。它会估量着时间，跑出二里地以外，迎接王蒙下工回来；它也会坐在桌子上，用前爪同我们"打乒乓球"，而且攻守自如；它爱吃羊肉，却从不偷吃它饭碗以外的食品，我们把羊肉放在桌子上，它居然会绕行"避嫌"。不幸的是，它突然丢失了，王蒙到处寻找，为此非常痛苦。后来听说"花儿"被人家打了，死得很惨。我们简直不敢相信，也不愿相信那是真的。

这个时期，王蒙的情绪很低沉。从城市到农村，几乎所有的机构都瘫痪了，无政府主义达到极点，连巴彦岱农村的庄稼地都无人管理。王蒙的"三同"只好三天打鱼，两天晒网。在家里实在闲得无聊，他反来复去地用维语熟背"老三篇"；他养猫逗猫；他剁碎了白菜帮子喂鸡……看着他这样打发日子，我心里很难过，不止一次地劝他说："你还是提起笔来吧。你写你的，不管那一套，哪怕是记录一下生活。写好了，放在抽屉底下……"他苦笑着，像是迷惑不解。如果我再劝他几句，他就会说："你在说什么啊，我怎么听不明白！"他是真的听不明白吗？还是特别厌烦我这个话题呢？

他在巴彦岱的房东阿卜都拉合曼也看出了他的烦恼。老人家真心实意地劝他说："不要发愁，啊，无论如何不要发愁"任何一个国家，都需要有'国王''大臣'和'诗人'，没有'诗人'的国家，还能算一个国家吗？您早晚要回到您的'诗人'岗位上去的，这难道还有什么怀疑吗？（在维吾尔语中，'诗人'比'作家'更神圣）"王蒙睁大眼睛，倾听着这位维吾尔老农的理论。这番话显然对他产生了影响，给了他很大的鼓舞和安慰。

那以后，我们的生活逐渐丰富起来。尽管王蒙那管笔还是没能拿起来，他依旧像以前那样天天学维语，听广播，作翻译，但看得出，他在有意地与周围邻居熟悉、交往。他和工人王世辉在院中比赛拔河，在室内掰手腕；晚间我俩和王世辉夫妇一起唱歌、玩牌……1968 年的除夕之夜，我们是在跳"忠字舞"中度过的。那舞跳得有滋有味，跳得深情满怀，可是跳完了又有点茫然不知所措。

1969 年 3 月 27 日，我们的女儿来到了人世间。在这以

1990年，王蒙（右）与老房东阿卜都拉合曼重逢

前，我已经有所感觉。24日晚，吃过晚饭，王世辉夫妇正在我们家玩，我对王蒙说，得马上去医院。王蒙赶忙推出他的破自行车，带上我走。一路上枪声不断，吓得我心都提到了嗓子眼。好容易到了人民医院，王蒙说："这是一所少数民族医院，可能倒安全些，就在这儿吧。"他扶我走进去。果然，这里的工作人员全是维吾尔族。大夫和蔼可亲，马上安排我住院。两天以后，3月27日凌晨4时女儿才出世。临分娩前，维族接生员安慰我："你会生巴郎的，你会的。（巴郎是男孩的意思）"她以为这是对我最大的鼓励和安慰，哪知道我和王蒙都是求女心切哩。早晨6时，王蒙来医院看我，大夫告诉他："是个'克孜'（女孩）。"王蒙大喊大叫起来："女儿！女儿！"这真是我俩最大的愿望。我们连女儿的名字都早已取好了——叫伊欢，伊犁的欢乐！

中午时分，王蒙领着两个儿子来医院，给我送来一碗清炖鸡。儿子兴奋地拉着我，非要看看小妹妹。第二天，他们又来看我时，正巧我在给婴儿喂奶。说也有趣，一间病房内七八位产妇，除了我一人是汉族，其余全是少数民族；偏偏那天出生的大都是男孩，唯独我的小伊欢是女孩。因此，王蒙看着我们母女俩说："这是我们的女儿，绝对不会错的。"

朋友们纷纷前来祝贺。王蒙在巴彦岱的房东阿卜都拉合曼，派他的养子赶着毛驴车，走了十里地，专为我送来一篮鸡蛋；六中的马车夫王平山夫妇带来一只羊腿；宋彦明同志及我们学校的许多老师也都喜形于色地来看望我，说我的命好。我们的新房东大娘则说："是我的房子好，你们人好，才会在这间房子里遂了心愿。"

然而，就在我们女儿出生的一年，新疆自治区文联冻结了王蒙的工资，每月只发给他生活费60元。他的60元，加上我的工资70元，要养活一家五口，真是狼狈极了。王蒙的工资一直扣到1971年年底才补发。至今我们也不知道这是谁下的命令。真是无法无天的动乱岁月啊！

天涯何处无芳草

王蒙和我从北京来到新疆，又从首府乌鲁木齐来到距中苏边界只有几十公里的伊犁。从大城市来到这少数民族同胞聚居的边城，刚开始，真可以说是四顾茫茫，举目无亲。但我们很快就适应了。我们是怀着与人民群众相结合的热情，开始这人生道路上独特一页的。王蒙尤其爱唱一首用湖南花鼓调谱写的"语录歌"：

> 我们共产党员好比种子，
> 人民好比土地。
> 我们到了一个地方，
> 就要同那里的人民结合起来，
> 在人民中间生根开花……

尽管唱这首歌时，王蒙已经没有了共产党员身份，但他那股坚定、纯朴、乐观的劲头儿，依我看，比共产党员还共产党员哩。

王蒙在伊犁一呆就是六年，我比他还多两年——整整呆了
八年。等到离开伊犁的时候，我们已经是"举目皆亲"，伊犁
城乡到处有我们的朋友。友情使我们在艰难的岁月里仍然感受
到生活的温暖与充实；友情也帮助我们排遣了寂寞和困惑。我
们深信，这个世界，特别是我们的祖国，我们边疆的土地和人
民，还是十分可爱的，政治动乱对人际关系的歪曲，毕竟只是
一种短暂的现象，在正直的人们中间，友谊常存。那个时期，
和我们有类似经历的人极多，大家互相关心，彼此了解，彼此
给以同情和保护，共同度过了那段孤独而又绝不孤独的日子，
给我们增添了生活的勇气。

现在，当我俩谈起我们的第二故乡——伊犁时，许多熟悉
的名字，以及他们的音容笑貌，便马上出现在眼前。需要记述
的，实在太多太多了……

1970 年夏季的一天，王蒙在巴彦岱的房东阿卜都拉合曼
收养的汉族儿子高周安来到伊宁市我们的家里，叫了声"哥!"
便与王蒙商量他自己的婚姻大事。女方姓于，也是汉族人。

"哥，昨晚她又到我这儿来了。你看她行吗?"

"我看行，她精明，能干，能吃苦。她死了丈夫，需要找
个伴侣，又主动追求你。你也该有个家了。"

"她还有两个孩子哩。"

"这不很好吗? 你有现成的两个儿子，长大了，不都是你
的好帮手吗?"

　　王蒙这一番话，把小高说笑了。

　　这以前，王蒙多次和我议论过小高的婚事。我们原希望他娶个维族姑娘，但终于没有成功。这回可不能再让他失去机会。我俩竭力怂恿，到底成全了这段婚事。结婚那天，我俩早早赶到庄子上，带去一条棉线毯子作礼物（那年月送礼还是实惠点好），王蒙还当了主婚人。

　　王蒙这位"哥"之所以这样关心小高，是因为他觉得这个孤苦伶仃的孩子，太可怜，太值得同情了。

　　听高周安说，他自幼父母双亡，跟着舅舅过日子，连温饱都得不到。舅舅心情烦躁，时常酗酒。每次喝醉了酒，便无故地打他。他实在受不了，从家里逃了出来。不到10岁的他，沿着铁路线无目的地走啊走啊，饿急了就向住在帐篷里施工的工人们要口饭吃。后来他来到兰州，被孤儿院收留。三年困难时期，孤儿院迁至新疆伊犁，小周安又同几个内地逃荒人员结伴，从伊宁跑到巴彦岱。好心肠的阿卜都拉合曼夫妇身边无子女，便收养了这个可怜的汉族孩子。他们举行了隆重的割礼仪式。先请阿訇念经，然后在高周安张嘴大哭时，把一个熟鸡蛋塞进他嘴里，并宣布他的维族名字叫阿卜都克里木。

　　高周安就这样成了王蒙房东家的养子。他戴上维吾尔式硬壳帽（北疆人很少戴那种人们熟悉的小花帽），穿上新衣裳，顿顿有热菜热饭吃。他说他从小还没有享受过这样的幸福。他天天跟在双亲后面喊"阿爹""阿帕"，完全沉浸在亲情的慈爱中。

　　王蒙 1964 年 4 月来到巴彦岱,住进阿卜都拉合曼家,阿卜都克里木万分高兴,情不自禁地叫王蒙"哥!"他虽然才来了几年,维语已说得很好,主动教王蒙学维语,王蒙则帮助他学习文化知识。他经常把村里的各种新闻讲给王蒙听,例如谁家娶媳妇花了多少钱;谁家在伊犁河里捡到了被急流冲下来的察木查尔林场的木头,等等。王蒙也不断回答他关于北京的各种提问。

　　由于阿卜都克里木——高周安的经历十分动人,当时巴彦岱上上下下,包括王蒙在内,都把他当作民族团结的一个典型。可惜他长大以后,与阿卜都拉合曼的家庭成员间产生了一些矛盾。他当时在公社技术站工作,每月有 15 元工资,他没有把它交给双亲,有时还带着些人回来吃家里的葡萄,惹得阿帕不高兴,龃龉由此产生。王蒙和别的朋友都曾尽力调解,但未能奏效,最后阿卜都克里木还是和养父母分了家。不过,家虽分了,情仍未断,每逢年节,阿卜都克里木还是去看望他的维族父母,嘘寒问暖,亲热非常。在当地,他们家的故事依然是一段民族团结的佳话。

　　阿卜都克里木常常向王蒙说起他的童年。他还依稀记得他有一个姐姐,名叫"小玲子"。他非常希望"哥"能帮助他找到他的姐姐。

　　"你的家乡是哪里呢?"王蒙问。

　　"河南。"

　　"河南什么地方?"

"不知道。"

这可难坏了王蒙。他一次又一次找阿卜都克里木谈心，竭力启发他的记忆，简直像如今电视剧里医生医治失去记忆的病人的场面。

忽然一天，阿卜都克里木含着泪回忆起一首民谣，那是他幼时听人念叨过的。它叙述了一条河。王蒙抓住这唯一的线索，从地图上找到了这条河，并以"高周安"的名义给沿河几个省、市、县的革委会发了寻人信（很可惜，那首民谣和那条河的名字我们现在怎么也记不起来了）。

两个多月后，奇迹发生了。高周安的姐姐居然找到了！

原来，高周安连自己的姓也没有说对。他不姓高，而姓郜；原籍是河南省固始县。他的姐姐也不叫"小玲子"，而叫"小浏子"。姐弟二人很快取得联系，相互寄了照片，写信诉说了别后的情况。但当时，农村生活还是很艰难，千里迢迢，郜周安尽管这样戏剧性地找到了亲人，却始终没能回乡去探望。1990年王蒙和我重访新疆，再次见到郜周安，他悲喜交集，仍像过去一样叫着"哥！"然后带着遗憾，又眼泪汪汪地讲起这一段生活……

肉孜·艾买提，原是乌鲁木齐气象学校的学生，困难时期学校解散，他回乡务农，成了生产队里较有文化的一个青年农民。

1965年5月，王蒙到巴彦岱不久，在大队任副大队长时，一天正在地里劳动，一位维族青年从人群中走出来，主动用汉语与王蒙搭话。他先作了自我介绍，然后详细询问王蒙从哪里来，来干什么。分手时他对王蒙说："今后你在劳动中、生活上有什么困难，就找我好了。"王蒙就这样与肉孜·艾买提认识了。那以后，肉孜·艾买提只要见到王蒙，总是口口声声喊他"王蒙哥"，而且总是以一种善意的、忠诚的目光关注着他的"王蒙哥"。

由于住处离得远，王蒙下地劳动时，经常带上包谷馕，在玉米地里吃午饭。肉孜·艾买提见状，马上把王蒙拉到他家，请王蒙喝热气腾腾、味道浓郁的奶茶。后来，王蒙便常常去肉孜·艾买提家里共进午餐。肉孜·艾买提的住房很简陋，桌上却摆着不少书，这在当地农民中是罕见的，而且，肉孜·艾买提兴趣广泛，读书，跳舞，唱歌，朗诵诗，样样都行。有一次，他忽然激动起来，大声地朗读苏联乌兹别克斯坦诗人阿衣别克写的《纳瓦依》中的两句诗：

> 烛光虽小，却照亮了一间屋子，
> ——因为它正直；
> 闪电虽大，却不能留下什么，
> ——因为它弯曲。

肉孜·艾买提朗诵时，半闭着眼，一副沉醉的样子，很感动人。

他还主动向王蒙推荐一批维文原版书，成了王蒙所读维文书籍的主要供应者。他帮助王蒙解决文字上的疑难问题，和王蒙一起热烈讨论书中的内容。王蒙从他那里先后借到并阅读过维文版的高尔基《在人间》、奥斯特洛夫斯基《暴风雨中诞生的》和吉尔吉斯作家原著《我们时代的人们》等。王蒙特别欣赏塔吉克作家艾尼写的《往事》，说书中对布哈拉经院的描写，漂亮极了。王蒙一直说，是肉孜·艾买提帮助他认识了维吾尔乃至整个中亚细亚突厥语系各民族语言、文化的瑰丽；也是肉孜·艾买提教会了他维吾尔语言中最美丽、最富有表现力和诗意的那些部分。王蒙由衷地说："我将永远感激他。"

我们和肉孜·艾买提成了好朋友。他的脾气很特别，遭遇也不一般。王蒙以他的故事为原型，在 1983 年写下了系列小说《在伊犁》。我只读了第一篇《哦，穆罕默德·阿麦德》的手稿，便泪流不止。

1990 年我们重访巴彦岱乡，村庄面貌已焕然一新。笔直的公路浸渍着当年公社社员（包括王蒙）的汗水；路旁十行白杨树，还是当年王蒙和肉孜·艾买提等一起栽下的，瘦骨伶仃的小树苗子已经长成了参天大树。肉孜·艾买提听说我们来了，跑出老远来迎接。他一声声喊着"王蒙哥！"声音还是那么亲切、温和，可他已经成了一个不折不扣的"老农"，秃顶，满脸皱纹，当年那个头发卷曲、眉浓目秀、性格活泼的小伙子，已经随着岁月消失了。

在肉孜·艾买提家的镜框里，还挂着我们的两张照片。一张是我抱着不满十个月的长子山儿，在灿烂的阳光下开怀大笑。王蒙说"你们母子俩心向红太阳"，所以他给这张照片起了个绰号叫"向日葵"。另一张是王蒙结婚前照的，身着西装，一副严肃、正经的样子。

"你还保留着哪。"王蒙说。

"我一直把它们挂在镜框里。"

陪我们来的朋友们都争着过来看，他们谈论着，赞叹着，目光似乎在说："让我们一起分享这友谊的温暖吧，多么珍贵的友情！"

王蒙的另一位农民朋友名叫满苏尔艾山。那是个绅士派头的美男子，蓝眼睛，高鼻梁，五官端正，体态潇洒，走在大街上很可能被误认为是"老外"。他出身于上中农家庭，父亲乌兹别克族，母亲塔塔尔族。他本人60年代初毕业于中央民族学院政治教育系，原来被分配到南疆疏附县做中学教员，他不愿意，要求调回伊犁家乡，上面没同意，他便不辞而别，跑回老家务农。说实话，伊犁人没有几个愿意呆在外乡，他们始终坚信，伊犁是世界上最美好的地方。

"四清"中，工作组对满苏尔艾山印象不错，又为了体现"团结上中农"的政策，便让他当了生产队副队长。王蒙很快与他熟识，两人常常互相用汉语和维语（尤其喜欢各自用对方民族的语言）交流情况，探索问题。满苏尔艾山善解人意，又很好客，只要王蒙和我登门拜访，他那在卫生院行医的妻子买

1959年8月，王蒙用旧"卓乐基"苏制相机拍了一张崔瑞芳抱着孩子的照片，取名"社员都是向阳花"。

1956 年在西单商场做的第一套西服

古尔拜便像过节一样欢天喜地地出来迎接，并给我们做她最拿手的"阿尔瓦"吃。"阿尔瓦"是一种甜食，我觉得有点像北京同和居饭庄所做的"三不粘"，后来我们也学会了做这种食品。满苏尔艾山与妻子是近亲结婚，生了个儿子有点畸形，看了让人好难过。那孩子活到8岁死了，满苏尔艾山夫妇悲痛万分，后来我们都不敢提起这孩子，以免惹得他们伤心。

1968年5月19日，村子里照例谣言四起，思想混乱。这是因为，六年前的这一天，即1962年5月19日，伊犁曾发生过边民外逃与民族冲突的不幸事件。"文革"混乱中，每到这一天，气氛就格外紧张。1968年5月中旬起，许多在少数民族地区生活的汉族干部、社员就人心惶惶，东躲西藏，唯恐遭到什么意外。可是5月19日这一天，王蒙却泰然地站在满苏尔艾山家的屋脊上，帮助他上房顶。

"王蒙兄，你不害怕吗？"满苏尔艾山感慨地问。

"怕谁？你是说我怕你吗？"王蒙风趣地反问。

这举动，给当地维吾尔社员留下了深刻的印象。满苏尔艾山说："王蒙兄的行为本身，就起到了促进民族团结的作用。"

1973年，王蒙只身一人从乌鲁木齐回伊犁搬家。满苏尔艾山知道消息，连忙赶到伊宁市探望。那时他正患严重的关节炎，行动不便，他硬是一瘸一拐地老远走了来。他说他是专程来送行的。尽管感情上依依不舍，他却很理智地对王蒙说："你应该回去。不但回乌鲁木齐，你迟早还是要回到北京去的。"他的话果然灵验。我们全家1973年回到乌鲁木齐，1979

年就调回北京了。

这些年来，王蒙时常接到满苏尔艾山的来信，通篇热情洋溢，布满了漂亮的维文老文字。王蒙每读他的信，就像回到了伊犁河畔，情不自禁地用维语高声朗读，然后再一句句翻译给我听。

听说党的十一届三中全会以后，由于落实知识分子政策，满苏尔艾山已在巴彦岱中学当了教师。我们衷心祝愿他一切安好。

我所在的伊宁市二中，属少数民族与汉族学生合校，维族老师较多。数学教师萨黛特（维语意思是"幸福"）懂汉语，喜欢和汉族老师搭话。她很热情，时常关心地问我："老王还写东西吗？""生活有什么困难吗？"有一次她问我："你在校外住，方便吗？"（前面文章中已提到，我家因为躲避武斗，搬进了一处私人房子里住）我回答："方便倒还方便，只是房租租金太贵。"萨黛特把这事记在了心里。几天后，她告诉我："你们搬到伊宁市一中的教职工家属宿舍去住吧。"我一时没明白，我是二中的教师，怎么能去住一中的宿舍？萨黛特进一步向我说明，她爱人巴依巴拉特（哈萨克族）是一中的革委会主任，已和学校谈妥，那里有空房，可以让我们搬进去住，反正都是教育系统的房子。

我和王蒙接受了萨黛特这番好意，在 1969 年初冬再次搬家。新居是一个宿舍里两大间带走廊的东房，已很久没人居住，门窗破旧不堪，棚顶挂满蜘蛛网，屋里还喂过马，发出阵阵带霉味的潮气和马粪味。尽管这样，由于面积大，我们还是兴高采烈地把它打扫干净，搬了进去。一中是一所哈萨克族中学，住进这个院子，我们获得了与哈萨克同胞更多接触与交朋友的机会。

刚搬家，麻烦事不少。两个儿子读小学，须办转学手续；七个月的小女儿伊欢也离不开人照顾。正发愁时，朋友们伸出了热情援助之手。萨黛特对我说："让我妹妹看小伊欢吧。她从老家阿克苏来，正赋闲在家，没事。"这当然是太好了，小女儿就这样"日托"在了萨黛特家。

萨黛特的妹妹玛依诺尔（波斯语"月光"的意思）是位高中毕业生，极爱学习，但"文化大革命"中无学可上，她就抱着小伊欢，一边哄她玩一边读书。我们都为这样勤奋的人才被荒废了而感到惋惜。

在玛依诺尔的熏陶下，我们的小女儿伊欢刚九个月就会把干馕碎往奶茶里泡，嘴里还喃喃地说："泡，泡"。十个月时她已会表演舞蹈，两只小手高高举起左右摇摆，口中还按着一定韵律，发出"来来来来"的歌声。真是维吾尔人的性格，维族同胞自幼就能歌善舞。

萨黛特本人是名震四方的"花腔女高音"。她有一副金嗓子，只要我们提出"萨黛特唱一首歌吧！"她马上就引吭高歌，响亮优美的歌声荡漾在整个空间。这时她脸色发红，目光炯炯，有时还习惯性地托一托眼镜，那情景十分动人。

萨黛特打起馕来，场面更是"宏伟"。她双腿弯曲脆下，眼镜摘掉放在馕坑边，头部全用头巾包起，身子深深弯下去，几乎把头全伸进馕坑里。几批馕烤完，她已热得满脸淌汗流油。新出坑的馕，有大有小，有咸有甜，都散发出香喷喷的十分诱人的味道。这时，我们大家便会围上来，饱餐一顿。我喜欢吃刚打出来的热馕。那股粮食特有的芳香味道，和我幼时在济南吃的山东锅饼很相似，都是难得尝到的美味！

萨黛特为人厚道，特别乐于帮助别人。每逢肉孜节或古尔邦节，我们必去她家祝贺。这时，她的房间布置得格外整齐、漂亮，雕了花的雪白台布上，放满各种小吃：酪干、饼干、大小馕、油炸馓子……我那两个儿子欢喜得胜于在自己家里过年。巴依巴拉特则慷慨地拿出好酒招待王蒙。他斟上酒，然后娴熟、有力地弹起冬不拉，王蒙就放开歌喉，用维语唱起一曲又一曲。

友情给我们的生活增添了斑斓色彩。无怪乎王蒙在他描写新疆生活的小说中说过：日光、粮食、水、友谊和幽默，都是生命的要素。

在我们的朋友中，宋彦明夫妇也是必须写一写的。

听宋彦明同志讲，他在50年代初来到伊犁。那时，这里汉族干部极少，走在街道上，总是那么几个从关内支援边疆来的熟面孔，整天抬头不见低头见。后来，各种人员慢慢增多。尽管这样，我们来伊犁并生活了一段时间后，在大街上仍常常与一些面貌熟悉却又不认识的人擦肩而过，事后才想起，他是食品门市部售货员，他是邮局工作人员，他是绿洲电影院的服务员……。在异域他乡，我们不仅有许多少数民族朋友，也有很多汉族挚友。

前面介绍过，宋彦明同志在区党委宣传部工作。他是兰州大学中文系毕业生，1950年进疆，几十年来一直从事文艺、宣传方面的工作。凡是从乌鲁木齐或关内来伊犁的文化人，差不多都经过老宋安排。他是位文化"公仆"，热心地为大家联络、服务，提供各种帮助。王蒙和我来伊犁后的工作、生活、住房安排等，老宋都花了不少心血。仅为我不去县城而安排在伊宁市二中任教，他就费了许多口舌，后来又亲自解决我在二中的住宿问题。记得那是1965年9月，他身上背着5岁的小儿子来到二中，一次次与有关人员交涉，一定要为我安排好住房。他总是那么沉着，谨慎，谦恭而富有涵养。在我们境遇困难时，他诚心实意地关心我们，为我们解决问题，真是我们尊敬的兄长。

在那种闭塞的边陲小城里，能有几位知己，相互倾吐肺腑之言，可以说是极其难得又极其宝贵。我们与老宋一家正是这样。有件事我们一直觉得很难为情，那就是老宋来我们家，好多次都赶上我们正在睡大觉。那些年，不知是由于无事可做还是精神恍惚，王蒙极喜欢睡觉。一从巴彦岱回到伊宁市，不论是刚吃过早餐还是晚餐前后，他倒头便睡。老宋对此已是屡见不鲜，但他仍没能估计足。有一年夏季的一天，我们早早吃过晚饭，忽然阴云密布，雷雨交加。由王蒙提议，我俩都休息了。大约休息了个把小时，雷雨过去，阴云散尽，夕阳又射出金色光芒。就在雨后夕阳照耀下，宋彦明同志来访。我俩忙不迭地起床穿衣，为他沏茶、点烟，完全打消了睡意。那天，我们三人海阔天空地神聊，从孩子上学、就业到无书可读；从文艺界的形形色色到社会上的奇谈怪论；从南北方地理风光到人情世故……老宋曾带着女儿在北京治病，住了半年之久，去过几次自然博物馆。这事他跟我们说过许多遍，但每一遍都像新话题，谈得津津有味。那时对于我们来说，谈北京，就像谈另一个世界似的。

宋彦明同志的夫人——清英姐，是我们尊敬的大姐。那是很典型的善良、朴素、和蔼的具有中华民族传统的女性。她家客人很多，对不相干的来客，她可以照旧忙手里的活儿，始终只给你一个后背；但一旦相识了，她又会满腔热情，真心实意地对待你。

1968年春节，她把我们全家请去吃年饭。她有一手高超的烹调技术，做了各式年菜和什锦包子，我们的两个儿子吃得非常高兴。在大家相互举杯说尽了祝愿的话后，老宋倡议玩"老虎、杠子、虫子"，谁输了罚酒一杯。结果总是老宋赢。后来我们才发现，原来他做了一点手脚。看来，老实人也有自己的小花招。

玩归玩，弄虚作假归弄虚作假，那晚我们还是谈得很多、很深。王蒙和老宋边喝酒边聊天，什么"文化大革命"、武斗、斗批改、"五七"干校、干部"就地消化"等等，无所不谈。当时报纸上登载的这些报道，使我们感到茫然无措，前途渺茫。老宋更悲观，他甚至估计到斗批改后，他们这一批干部会被遣散，因而为今后的出路忧心忡忡。王蒙趁着酒意大谈自己要学理发，学中医，说以后就靠行医或理发吃饭。两人越谈越心情黯淡，把两瓶半斤装的伊犁大曲，都喝进了肚。那年月买酒很困难，一气喝下两瓶伊犁大曲够奢侈的。喝完，两人一起出门，到斯大林大街上去跑步……

一个有趣的插曲是，由于那晚王蒙吹嘘自己学理发，老宋过了几天真带了小儿子来让王蒙给推头。王蒙确实买过两把推子给我们的儿子理过发，但他的理发技术实在非常不高明。老宋居然产生了错觉，极其信赖地把孩子的头送到王蒙推子下。王蒙理了整整 40 分钟，自己出了一身汗，老宋的儿子也活受了 40 分钟罪。最后，理出来的头简直像狗啃的一般。老宋尽管极有涵养，见到这个场面，也只好窝囊地"噢，噢"了半天，说不出话来。

在伊犁，过年过节是非常热闹的，各族同胞互相拜年，大街上熙熙攘攘，充满节日气氛。但"形式主义"也很厉害，大批人马出这家进那家，从早到晚"疲劳轰炸"，让人颇有"吃不消"的感觉。记得有一年大年初二，老宋一大早就来到我们家。看得出，他是在有意"躲年"。坐了一会儿，王蒙忽发奇想，建议去学校的体育室打乒乓球。老宋欣然同意。于是乒乒乓乓，如此这般，大年初二他俩竟打了一上午乒乓球。

在我们 1973 年要离开伊犁时，宋彦明同志又事事为我们操劳。那年秋天，王蒙在乌鲁木齐市乌拉泊干校"学习""锻炼"完毕，调回创作研究室，我也要调回乌市。为了让我能省几个钱搭上便车去乌鲁木齐，老宋跑了许多单位，每到一处，好话说尽，还是到处碰壁。后来总算能搭车了，却是运羊的车，条件是人和羊在一起，但可以在前边加一条板凳，人坐在板凳上。我有点胆怯了，一是怕卡车上风大，危险；二是与羊一起同行三日，毕竟诸多不便。最后我还是买了票乘长途车去乌鲁木齐，老宋白忙活了半天。

后来宋彦明同志一家也调到乌鲁木齐市。1987 年我和王蒙重访新疆，登门造访，清英姐说："今天给你们做酸揪片吃。"这自然是对我们最盛情的款待。一则她知道这些天我们肚子里充满"高蛋白"，需要酸揪片来助消化；二则她了解我们非常喜欢吃这种伊犁传统饭菜。当然那天饭桌上还有许多别的美味佳肴，看得出清英大姐费了很大事，这使我们很不安。

那年重逢，老宋夫妇都已退休了。宋彦明同志再不必为我们搭便车而四处奔波，但他们的深厚友情却永世长存。

我们的另一位好友，是罗远富、李惠坤夫妇。他俩都是新疆八一农学院的毕业生，各戴一副高度近视眼镜，又都会说一口流利的维语。分配到巴彦岱工作后，他们很快同那里的农民打成一片，做出了卓越成绩。60 年代初，八一农学院曾专门举办展览，表彰他们与工农相结合的先进事迹。

李惠坤是女同志，却经常骑着一辆男自行车，用一条头巾把头发一裹，从后面系住，跟当地维族农村妇女打扮得一个样。不同的是，她脸上架着一副眼镜，镜片上总是挂满了灰尘和汗珠。她在农机站当技术员，几乎跑遍了巴彦岱的田野小路，用她那略带湖南味的维语，整天和农民小麦打交道。

王蒙的农业知识，很大一部分是从李惠坤那里学来的。他俩每次在田野埂地上或从巴彦岱通往伊宁市的公路上相遇，总要各自停住自行车，到路边的白杨树下去畅谈一番。话题涉及很广——公社的人与事，阿卜都克里木的家庭矛盾，农业生产情况，等等。而最有兴趣的话题是推广良种，譬如，冬麦良种有陕西 134、无芒 4 号；春麦有红星 5 号；玉米有马牙、金皇后等。

当时罗远富同志在公社党委任秘书。他喜爱书法，写一手漂亮的字，不但善写汉字，还会用木片蘸上墨写维吾尔文的艺术字。维文用的是阿拉伯字母。据说世界上讲究书法艺术的主要有两家，一家是汉字，一家是阿拉伯字。罗远富对这两种文字的书法都精通。他是四川人，好读书，常和王蒙交流各种信息。

罗远富夫妇住在公社拖拉机站院内。一次，他们请我和王蒙去作客。一进院，鸡成群，屋檐下爬着南瓜藤，肥硕的南瓜重重压在房顶上。房前，有罗远富自己动手制做的馕坑。他真是心灵手巧，用羊毛和特别的胶泥加上盐水拌匀，做成了这个质量很高的馕坑。这种技术，就连本地的维吾尔人也有许多人掌握不了。那天我们一起谈古论今。谈他俩的家乡四川、湖南，谈我们的家乡河北、北京，还谈农学农，度过了非常愉快的一天。

后来罗远富同志的工作几经变动，现在他是中共吐鲁番地委书记。1990 年我和王蒙访问新疆，在从乌鲁木齐去南疆的路上，经过属于吐鲁番地区的托克逊县。罗远富夫妇专程从吐鲁番市来到托克逊的公路边迎候我们，那份深情令人感动。李惠坤刚从岗位上退下来，略显发福，但风度依旧。我们四人在托克逊共进午餐，一边叙旧，一边探讨未来，谈得很尽兴。

还有两对汉族夫妇，也与我们交往很多。

一对是农民。男的叫金国柱，新疆本地人，原来开汽车，60 年代回乡务农。女的叫张淑英，安徽人，初中文化程度。金国柱很聪明，工农业方面的技术掌握很多，维吾尔语又说得好，当地农民有的就称他为"翻译"。他的名字"金国柱"三字常被人家念走了音，读成"巴金哥""巴拉廷盖"，后者是俄语的一个借词，意思是一种平跟皮鞋，听起来怪好笑。

王蒙有许多农活是从金国柱那里学来的。特别是每年夏收打场，金国柱常常担任某麦场场头，王蒙就在他手下学习摊场、轧场、扬场，他也自称是王蒙的师傅。他们夫妇非常好客。他们的家离肉孜·艾买提家不远，每次遇到我去庄子上玩，他们不但一定要留饭，而且还一定要留宿。金国柱后来担任过生产队长。现在他承包了一个鱼塘养鱼，听说干得也挺好。

另一对夫妇是工人。男的王世辉是养路工人，女的李继勇在莫合烟厂工作。我们躲武斗期间曾有两年租住私人房屋，就与他们夫妇共住一院。他们完全是有文化的新一代工人。王世辉喜欢写字，刻印章，拉二胡，打篮球，尤其擅长做篮球裁判；他还学会了放映电影的技术，可谓多才多艺。李继勇喜欢唱歌，读小说，讲故事。他们的家虽谈不上富裕，但女主人把一切整理得井井有条，自己也总是神采奕奕。我们同他们相处得如同亲兄弟姐妹一般，直到现在还经常通信联系。后来他们的生活发生了一些变故，婚姻关系解除了，但我们和他们的友情仍有增无减。

和我一起共事的张继茹、李洪老师，是我和王蒙共同的好友。

1965 年 9 月，我到伊宁市二中上班，坐我办公桌对面的，就是张继茹。那年她大约有二十八九岁，短发、大眼睛，乍见面，脸上似乎没有任何表情。我做了自我介绍后，她对我有了一定兴趣，告诉我她是从天津支边来的。

"你有几个孩子？"我唐突地问。

"我没有小孩——还没结婚哩。"她仍然闪烁着大眼睛，并没有怪我的意思。我反倒觉得自己问得太无趣。

渐渐熟悉了，我俩成了好朋友，无话不谈。张继茹为人耿直，心实在至极。她无时不关心着我和王蒙的命运，时常提心吊胆地问起"老王"的各种情况。

她的密友李洪,也是我的好友。河北保定人,聪明好学,在学校任维族班的汉语课。李洪待人满腔热情,自己的个人生活却不幸福,曾有过一次婚变(我们为这事牵肠挂肚了好一阵)。后来,她结识了一位研究高能物理的男朋友,我们都为她欢呼,竭力鼓励她,支持她,增强她的勇气。她终于又建立起一个家庭。现在她生活得很美满幸福。

"文化大革命"开始不久,校内"革命小将"起来造反,无缘无故地打了李洪一记耳光。李洪整整哭了三天,张继茹也陪着哭了好几回。那年月,老师都是"臭老九",上哪儿说理去?!

其实,张继茹和李洪与其说是我的好友,还不好是说王蒙的忠实读者和拥护者。她俩总把"老王"挂在嘴边:"老王"真有才华啊;"老王"什么时候再提笔写东西;"老王"情绪可好?

……她们为王蒙的生活状况深感不平。一次,李洪看见王蒙洗完的衣裳搭在院子里的绳子上,满是一缕楼的褶子,还湿淋淋地往下滴水。她十分怜惜地对王蒙说:"你要是没劲儿,就先别洗了。"其实,王蒙并不是没劲儿,而是十足的教条主义。他笃信报纸上的一切科普文章,有一篇文章说洗完的衣服不能用力拧干,否则会伤害织品。从此,王蒙洗完后送去晾晒的衣服都是水淋淋的。

1977年夏季,我和李洪带学生下乡收麦子。空闲时,我拿出一本旧字典阅读，李洪很惊讶："你在看什么书?""字典"。当时实在无书可读，只好翻字典"研究研究"汉字。许多年以后，我和李洪重逢，她还拿我爱读字典的"典故"来开玩笑。

张继茹后来也有了归宿。她48岁时和察布查尔地区的一位外科中医结了婚。婚后第二年，她丈夫给我们来信报喜，说张继茹生了个儿子。我和王蒙都很惊喜，立即回信祝贺。但张继茹很快来信纠正说："别听他开玩笑"。不管怎样，看来他们生活得很幸福。这个让我、王蒙和李洪多年来犯愁的"老大难"问题总算得到了妥善解决，真是生活不负诚挚的人。我们永远为她两口子祝福。

说实在的，张继茹、李洪两人在为人处世上，真值得我们学习。记得"文革"期间清理阶级队伍，驻校工宣队搞"人人过关"，非要每个人都交待自己的"个人历史问题"，先作"自我认识"，然后大家再分析批判。李洪在"交待"和"批判"中始终坚持实事求是，绝不把那些八杆子打不着的事往自己身上拉，也绝不随便给人家"上纲上线"。我和张继茹完全支持她，向她投去理解、信赖的目光。轮到我，事情就有点麻烦了。那时节，几乎一切是非都被颠倒，我认为应该赞扬的，恰恰是工宣队认为应该批判的。我该怎么说呢? 我曾和王蒙商量。这一商量反倒更糟。他主张"低调处理"。他这人，从50年代后期就挺不起胸来，主张处处摆出一副"老实交代，接受批判，低头认罪"的架式，明明自己没问题，也要挖空心思说自己有问题。我并不赞成这样做，因为它不合我的性格，委屈了自己。但我也没办法，因此，清队开始时我的发言几乎是前言不搭后语，至今想起来我还为这事难过，也为王蒙当时的精神状态和处世方针而感到痛苦。张继茹、李洪完全理解我，她们在会上始终同情地注视着我，会下则给我许多帮助、鼓励，使我知道在关键时刻应该怎样做。我感谢她们，觉得她俩在做人的准则上真该打个一百分！

王蒙毕竟是王蒙。

他很喜欢给我讲述克雷洛夫的一则寓言。由于手头没有原文，我只能复述一下大意。说的是有一条小青鱼被控犯了天条，上帝为了惩罚它，下令"把它扔到海里去！"

王蒙刚到伊犁的时候也许正像这条小青鱼，但在人民中间，他如鱼得水。他把"家"扎在这里，快活地生活在友情中。在离开伊犁的时候，他已经大大地成熟了，成长了。

我愿衷心地说一句：再见了，伊犁！再见了，父老乡亲！再见了，亲爱的朋友们！我们永运不会忘怀这里的一切！

90 年代王蒙重访巴彦岱，写下了《故乡行》。篇首是这样说的：

> 我又来到了这块土地上。这块我生活过，用汗水浇灌过六七年的土地上。这块在我孤独的时候给我以温暖，迷茫的时候给我以依靠，苦恼的时候给我以希望，急躁的时候给我以慰安，并且

给我以新的经验、新的乐趣、新的知识、新的更
加朴素与更加健康的态度与观念的土地上。

我也很喜欢《故乡行》的结尾：

好好地回忆一下那青春的年华，沉重的考验，
农民的情谊，父老的教诲，辛勤的汗水和养育着
我的天山脚下伊犁河谷的土地吧！有生之日，一
息尚存，我不能辜负你们，我不能背叛你们，不
管前面还有什么样的胜利或者失败的考验，我的
心是踏实的。我将带着长逝者的坟墓上的青春的
气息，杨树林的挺拔的身影与多情的絮语，汽车
喇叭、马脖上的铜铃、拖拉机的发动机的混合音
响，带着对于维吾尔老者的银须、姑娘的耳环、
葡萄架下的红毡与剖开的西瓜的鲜丽的美好的记
忆，带着相逢时候欣喜与慨叹交织的泪花，分手
时的真诚的祝愿与"下次再来"的保证，带着巴
彦岱人的盛情、慰勉和告诫，带着这知我爱我的
巴彦岱的一切影形声气，这巴彦岱的心离去，不
论走到天涯海角……

惶惶惑惑离伊犁

我们在伊宁市新华西路一巷五号的小院里过了两年，又在一中教工宿舍住了两年。那四年都属"非常时期"，生活表面上平静，似乎"逍遥"得很，实际上心情极其不安，可以说是百无聊赖，前途渺茫。国家乱成那个样子，我们自己的命运又从何谈起！

　　王蒙所在单位——自治区文联实际上已不复存在。"造反派"们组成了"大联委"，他们记得起王蒙的，只有扣工资一项。王蒙好像被彻底抛进沙漠中"挂"了起来，既无人问津，又不通任何消息。他为此苦恼万分，情绪低落。

　　我在学校的工作倒逐渐忙起来。我有意识地让王蒙多承担些家务。我们的小女儿伊欢正值哺乳期，喂养婴儿也是件麻烦事。牛奶需要调稀；长到第几个月时要喂蛋黄；到什么时候又得加喂蔬菜；还得补救缺钙问题……王蒙一切按书本上做，十分精心。至今打开我们女儿的婴儿记事簿，还可以清楚地看到：69年×月×日会笑；×月×日哭了几场；×月×日去医院注射；×月×日会叫"妈妈"……这都是王蒙当年的杰作。

我常开玩笑说，不知将来编他的"全集"时，这些杰作要不要收入。但王蒙有时也太教条主义，不切实际。他总是乱给女儿增加补充食品，有一次竟把孩子弄得消化不良，腹泻不止。

一天，王蒙有事去巴彦岱，就把喂养小伊欢的任务交给了不满11岁的大儿子山儿。上午11点需要给妹妹喂一个煎鸡蛋，山儿就自己动手做。王蒙有一瓶用来软化自行车链条的机油，颜色金黄，表面看起来和菜籽油毫无二致。山儿误把这机油当作食油用了。煎出来的鸡蛋有股怪味，妹妹不肯吃，山儿强行喂下去半个，幸好还没出什么事。我回来发现后，真心疼两个孩子，但也无可奈何。

王蒙还时常"勒令"两个儿子换着班抱妹妹去户外"日光浴"，说是给女儿补充维生素 D 以利于钙的吸收。新疆属大陆性气候，早晚较冷，中午的日光却相当厉害。两个儿子在暴日下晒得头上直冒油。那一年，小儿子石儿才 9 岁，一次抱着妹妹晒太阳，不小心跌进了人防工事，居然未受重伤，也是天佑我家！

女儿 11 个月时，王蒙教她学走路。他先让女儿手扶着小车，节奏很快地往前跑，他在一旁看着。逐渐地，车放到一边，让女儿站好，他在距她四米远的地方招呼她："来，到我这边来！"女儿睁着一双恐惧的眼睛，尝试着迈出了人生第一步。她先伸出一条腿，然后两条腿紧捣，跑起来不停，王蒙急忙在后面追。那天我们兴奋极了——我们的女儿会走路了！

伊宁只有一座公园，叫西公园。它离我们住所极近，又不收门票，我们常常带了孩子去玩。那里游人极少，空气又清爽，到处是无人管理的丛林。我们把孩子"放了羊"，自己就坐在林间草地上，漫无边际地足聊一通。从秋季踏碎落叶直到迎来第一场冬雪，这也算是我们在那个时期唯一的一种乐趣吧。

就这样，生活看起来挺欢乐，实际上是一种无事可做的难熬的平静。我知道，王蒙内心深处隐藏着极度的焦虑。他本来爱唱的维文抒情歌曲现在不唱了，代替它的是样板戏《沙家浜》中的两句词："听对岸，响数枪……这几天，多情况，勤瞭望，费猜想……"他没结没完地重复这两句唱词，似乎反映了他自己内心的苦闷——他也在"勤瞭望"，却什么也望不到；他也在"费猜想"，却什么也猜不着。

真是一个无聊、沉闷而又寂寞的冬天。

生活中也有些意外的插曲。

1970年4月的一天，我去二中上班，在解放街的人行道上，与一位女同志擦肩而过。我一眼认出了她。

"黎昌若！"我的喊声使那女同志戛然止步。"你也来新疆了？"

"我是来办理我弟弟的后事。取走骨灰，带回天津。"

"你弟弟黎昌骏在新疆？他怎么……"

"他从天津大学机械系毕业，分配在兵团农四师任机械工程师。武斗中吃了冷炮，当场死亡。临死时还在高声朗读毛主席语录。"

"……"

黎昌若是我大学同学。她是黎元洪的孙女，民主人士、开明资本家黎俊卿的女儿。她在学校一向奉公守法，老老实实，称得上是"可以教育好的子女。"她本人性格独特，尤其是细心及敏锐，比一般女性都略胜一筹。我俩很谈得来，读书期间是形影不离的好朋友。但自 1957 年那场暴风雨以后，尤其是来到新疆，我和王蒙仿佛到了另一个世界，以前的熟人都不愿再联系，生活中形成了一个断层。今天在这边陲小城突然巧遇黎昌若，真是感慨万端。

我们约黎昌若来家里作客，促膝谈心直至深夜。她告诉我，她在大连发电厂工作，"文革"期间家里被抄，天津的私房被没收，父亲和小弟被赶到只有六平米的房子里居住，生活十分困难。我们望着她，能说什么呢？

时间不早，黎昌若起身告辞。她所住的农四师招待所就在西公园另一侧。我们抄近路，送她穿越公园。天漆黑，街上不太平，我们三人在寂静无人的树丛中紧步走着。

"几点了？"王蒙问。

"不知道，我没戴表，是无产者，没表！"黎昌若有意提高了声音回答。后来她告诉我，她这是为了防盗、防劫。看来经过这些年磨炼，她也老练多了。

不幸的是，1977 年我在乌鲁木齐接到黎昌若另一个弟弟的来信，说他姐姐生病住院时因误诊而死亡。她只活了 41 岁，还未结婚，实在让人惋惜。她长年背着剥削阶级家庭出身的包袱，提心吊胆，度日如年，如今形势即将好转之际，她却走了。

随着女儿一天天长大，照料她的担子一天天加重。我工作越来越忙，王蒙也随时有可能被召回原单位参加"清队"。因此我们商量，想把大儿子山儿和一岁零四个月的女儿伊欢送回北京，交给他们的姥姥和姨照料。姨马上来信表示热烈欢迎。于是我决定利用暑假成行。王蒙对我说："你带孩子坐飞机回去。"在当时王蒙每月只领60元生活费的情况下，这行为近乎奢侈，但我完全理解它的内涵。自从王蒙被扣发工资的消息传出，外面就风言风语不断，即使是一些善良的人也难以免俗地对我们议论、猜测，认为我们一定是发生了什么事。王蒙这人可以忍受贫困，但绝不接受屈辱。所以，他这个提议我举双手赞成，我们就应该活得坦然，活得乐观！

1970年7月11日，我带上一双儿女，昂首阔步登入机舱，用在高空中翱翔的"壮举"来回答那些好奇的议论和猜测。

在北京接连收到王蒙好几封信。第一封信向我报告好消息：就在我离开伊犁飞往北京的时刻，我家那只母鸡完成了它的使命，十只雏鸡破壳而出，这使我很高兴。后面的几封信则催我快回新疆。我当然舍不得离开孩子，但也只好忍痛再次登上西去的列车。也真巧，那列车开出北京站后，正好经过我家路口的过街桥。我坐在窗口，很远就看见伊欢的姨正抱着她，用力地向我挥动白围巾。那转瞬即逝的镜头，在我心中留下了永远无法磨灭的烙印。

随后，我和王蒙经历了又一个沉闷的冬天。他那几句样板戏越唱越起劲，字字句句凄凄凉凉。他每唱一遍，我们就讨论一回：是不是该回乌鲁木齐去？这样呆下去，怎样算个了？这不是又多了一个祖农·哈迪尔吗？（祖农·哈迪尔是著名的维族老作家，60年代被处理到塔里木盆地边缘劳动，一直没能再回去搞创作。）另一方面，王蒙的工资总被扣发，也不是个长久之计。这一切，都得自己去当面谈，当面解决。因此，我俩最后得出一个结论：还是自作主张回去吧，否则，在这种无政府状态中，绝不会有任何人想起你来。

这期间，我们已经搬到二中家属院居住。学校准备复课，我参加了市里组织的教材编写班子。领导要求我们深入实际，所以整个班子进驻伊犁发电厂，食宿都在那里。我带上小儿子石儿，夜以继日地奋斗。

王蒙去了乌鲁木齐。此行是吉是凶，很难预料。他很快给我来了信，说他一到自治区文联，便被留下参加学习，准备下干校。这事也真有意思，六年多无人过问，回来了也就回来了，真是有他不多，没他不少。至于学习内容，他说仍在"揭阶级斗争盖子"。我的天！文联那么个不足百人的小单位，已经有整整五六年时间，什么也不做，就是斗来斗去，听说还抓进去几个人，居然到了现在连"盖子"都没揭开，真不知道是怎样难揭的"无缝钢"盖子！

　　1971 年 4 月，王蒙去了位于乌鲁木齐市南郊的乌拉泊"五七"干校。他来信说，每天值夜班浇水，还要自己盖房子，活儿很重。他与维族同胞住在一起，"天天读"就参加维族组。当然，这样可以进一步提高他的维语水平，他很乐意。

　　这里还有个有趣的小故事。与王蒙同住的维吾尔著名诗人克里木·霍加，有一天告诉王蒙："你刚才睡觉时，有一只老鼠爬到你身上。我本来要轰走它，可看到它和你那亲昵的样子，又没忍心去惊扰它。"王蒙哈哈大笑说："那太好了，原来这间房子里我只有你一个朋友，现在加上这只老鼠，我有两个朋友了，这有什么不好呢？"二十年后，1992 年我们的儿子山儿在阅读前联邦德国驻我国大使魏克德先生写的回忆他在中国经历的一本书时，竟然发现了这一段故事。原来，魏克德先生也是一位作家，曾写过以中国太平天国运动为题材的长篇小说。他在访问新疆时，听克里木·霍加讲了这个故事，就记录了下来。王蒙自己早把这事忘了。山儿把这段故事译成中文告诉爸爸时，王蒙不由地欢呼起来，连连说："确有此事！确有此事！"

　　王蒙在信上还详细叙述了他在干校的生活情况。乌拉泊那里风很大，初春一次暴风雪，他们的住房房门都被雪堵住，好长时间出不了门。劳动当然是很艰苦的，但他常常报喜不报忧，一再说参加体力劳动如何如何好，饭量增加了，觉睡得香了，觉悟也一天比一天高了……唉，我能说什么呢。9 月份，我回他一封信，鼓励他好好劳动，"以林副主席为榜样学好毛泽东思想"。信发出第三天,忽然传来了林彪出逃摔死在温都尔汉的消息,我丧气极了。至今我也无法解释,当时怎么会鬼使神差地写上了那么一句话,也许是怕别人看见这封信,故意增加些"革命"词句吧。没想到才学了这么一点乖,就搞了个狼狈尴尬,真够沮丧的。

王蒙在干校倒不无收获。首先最重要的是他获得了"五七战士"的身份。这事可别小看,它至少说明王蒙不属敌我矛盾,而是"人民"中的一份子。当时新疆文联的许多老作家如刘肖芜、王玉胡、王谷林、铁依甫江、克里木·霍加等,还都不能算是"五七战士"哩。王蒙被允许参加"五七战士"的集会,他自己都感到"受宠若惊"。另外,这一年年底,他被扣三年的工资全部补发了。他把这消息告诉我,我连忙回信"欢呼毛泽东思想的伟大胜利!"当时只能用这样的语言来表示我的高兴了。

林彪事件后,"五七"干校的管理逐渐松懈下来。王蒙来信说,他们每天晚上下象棋、打扑克直到深夜。他还受到重用,成为炊事班负责人之一。这可真是新闻,像厨房这样的"机要"重地,居然也让王蒙进去任职。他至今还爱吹嘘自己的业绩,什么一次可以和一袋面等等。他还发明了用剩下的包子焰儿炸丸子,而且在小黑板上的菜谱中赫然写下一个吸引人的名称:荤素元子。人们的胃口都被他吊起来,但实际一尝发现,味道并不怎么样。

有一天早上王蒙去灶间捅火,不小心把脚崴了,必须扶着拐走路。即使这样，他还照常工作，而且照样爱管"闲事"。文联有位哈萨克族青年，正和一位乌兹别克姑娘相爱，可女方家长反对，还组织人"警告"过这位男青年。王蒙深为这二人的真诚爱情所感动，他一跛一拐地为他们奔走，为他们出谋划策，甚至为他们站岗放哨。最后，这一对有情人终成眷属，女方家长也谅解了。

　　每逢干校休息日，在乌鲁木齐有家的人大都回家去了，王蒙就主动要求在乌拉泊的戈壁滩上值班。他和另几位少数民族学友，常常用谈论伊犁来排遣生活的寂寞和沉重，并且以干校"毕业"后"回伊犁去"来自我安慰和互相安慰。这一年古尔邦节，他和一位锡伯族、一位维族同龄人、一位哈萨克族青年都喝得酩酊大醉，一个个含泪捶着桌子大叫："回伊犁！回伊犁！"突然，王蒙又补充了一句："不！我想的并不是回伊犁！"众学友一时愕然。酒醒之后他们问王蒙，王蒙说他全然记不得，也不明白自己为什么要那么说。不管怎么样，反正桌面被他捶坏了，手也受了伤，疼了好几天。

　　这期间，一些有专长的"五十战士"陆续被分配了工作。干校方面表示愿意把王蒙分配到伊犁去，可以安排在伊犁戏剧团工作。王蒙写信征求我的意见，信上说："调回伊犁，去戏剧团也好。我们可以很快团聚，就在这个地区安家落户吧，这是个美好的地方……"我找宋彦明同志商量，老宋详细向我介绍了戏剧团的情况，并表示"王蒙来，团里是欢迎的。"可我心里总觉得忐忑不安。这些年，尽管处境恶劣，我也从来没有动摇过对王蒙的信心。我相信他在文学上迟早会发挥出积蓄的能量。因此我认为，从长远来说，他需要一个更广阔的环境，更宏大的舞台。为什么要那么匆匆忙忙地就把自己定在一个边陲的剧团里呢？经过两天思考，我给王蒙写了一封长信，十分坚决地表示了我的看法，不同意他调到伊犁戏剧团工作。随后，我又请宋彦明同志帮忙把调函退回，这件事就这样结束了。

过了许多年后，王蒙还总爱提起这一段经历，称赞我有主意，在关键时刻能够作出正确决策。我倒没把自己评价这么高，只不过我始终相信命运是不会一直亏待我们的。

我带着石儿继续在电厂"深入生活"。学校里"复课闹革命"喊了一阵子，但"读书无用论"流毒太深，学生无心学，教师无心教，工作怎么也干不好。此刻，我越发惦念王蒙，企盼能有好消息传来。

几个月后终于有了结果——王蒙被分配到自治区创作研究室工作。这岗位当然很理想。他在来信中再一次称赞我的决策好。一生中大概也就这一回吧，他对我佩服得"五体投地"了。

接下来的问题是如何把我也调回乌鲁木齐去。王蒙活跃起来。他使出浑身解数，拜托了许多人，调动了一切可调动的因素，逢人便进行游说，以至于他一推开市教育局人事室的门，那里的同志就会对他说："您是来谈方老师调动问题吧？××、××已经谈过了……"

那些年，办点事很不容易。尽管王蒙托了很多人，也确有许多好心人热情帮忙，我从伊犁调回乌鲁木齐的事仍然进展缓慢。王蒙不断来信报告工作进行情况，但最后一道手续——发调令（函），总也办不成。我和小儿子石儿已经等得坐卧不安。石儿天天掐着手指头，口中念念有词："掐掐算算，祷祷念念，来了，不来，来了，不来……"他就用这种小儿科的占卜术来预测我们娘儿俩调回乌市的前景。眼看1973年的新学年即将开始，我心里真是着急。一旦开了学，分配了课程，即使来了调函，也起码得让你等一个学期，到放寒假时才放你走！我把这份担心写信告诉王蒙，王蒙马上发来一个电报："速来乌"。

刚接到电报时，我和石儿都以为事情办成了，因为电报上的字不大清楚，我们把"速来乌"读成了"函来乌"。"函来乌"，这句话显然不通，反正不管怎么样，既然王蒙来了电报，我就走。

1973年初秋，我和小儿子带着几件随身物品，匆匆告别了伊犁。坐在伊犁至乌鲁木齐的班车上，心中百感交集，一言难尽。但想到王蒙正在乌鲁木齐等我，忧虑、感慨、烦恼便都一脑儿抛到了伊犁峡谷那一边，阵阵喜悦涌上了心头。

别了，新疆！

正当秋色宜人的季节，我又回到了乌鲁木齐。一晃，离开整整八年了。

王蒙老早就守候在汽车站迎接我们。

"不等划上最后一个句号就把你们叫来了。咱们真行！"他说。

"还不都是为了你！"

王蒙掩饰不住重逢的喜悦，他告诉我，调函已经开好了。几经周折，调进乌市终于成功，但伊犁方面不肯放人。我们又到处找人，一直找到州长伊尔哈力同志（现已故世），才算解决了问题。

在乌鲁木齐，我们暂住在文联办公楼的一隅，本来是一间办公室，现在没公可办，就让我们住了。旁边是个木工房，堆积着许多桌椅板凳，时时传来"嚓嚓"的刨木声。

食宿很方便。吃在食堂，经常吃的是包子、面条。偶尔我们自己也改善一下生活：用电炉烧一锅红烧肉，或是煮个鸡蛋汤什么的。

"家"安顿下来后急需办两件事。一是我的工作落实到哪个学校；二是去伊犁搬家和办手续。

我本想去乌鲁木齐市一中工作，那里离市区近，离"家"近，可是没想到发生了情况。一天中午，我在大街十字路口巧遇我的老领导——1964 年我在乌鲁木齐市七中任教时的校长。他现在在十四中（原高级中学）。他表示，非常欢迎我去十四中，"你来，我给你分一套二居室的房子。"这么好的事，真有诱惑力。后来我又听说，为了进我，十四中理化教研组放走了一位有相当资格的化学教师。那我就更是非去不可了。看来我还是挺受欢迎的。

我很快在十四中上了班。十四中位于南梁团结路，离我住处相当远，但一般情况下，我还是喜欢步行上下班。

一天我下班回家，还不到五点钟，太阳已经西落，夜幕徐徐降临。我匆匆赶路，只觉得身后有个人在尾随着，我走快他走快，我走慢他也走慢。约莫走了有两站地，他突然跨前一步，小心翼翼地用维语问："亚克西吗？克孜，交个朋友邑？"我回头一看，他竟吓得仓皇逃窜。大概他错把我当成维吾尔族姑娘了。那天风大，我像维族妇女一样用花围巾把头裹得严严的，于是产生了这种误会。伊犁八年，"改造"成效不小，我已被"同化"为维族同胞了。

同八年前比较，乌鲁木齐街头巷尾变化不大，除了楼房显得更灰、更旧外，各处墙壁上都增添了不少贴大字报的痕迹。另外，人和车都比伊犁多，乍一看相当繁荣，确实感觉到自己来到了大城市。晚间，我和王蒙出去散步，走出文联办公楼不远就是人民电影院和和平剧场，但当时没什么影剧可看。我们徜徉在小巷里，到处炊烟袅袅，烤羊肉串和烤包子发出香喷喷的气味，好诱人胃口。只是我俩有点"放不下架子"，总不好意思手里托着羊肉串在大街上随便啃着吃。

"怎么样？伊犁的'家'什么时候搬回来？"我问。

"找个机会，我一个人去吧。"他说。

中秋前夕，王蒙只身一人去了伊犁。他得完成搬家、转户口、迁粮食关系等一系列任务。

他一到那里，就受到我所在的伊犁二中老师、朋友们的指责："方教师真的调走了，怎么也没告诉我们一声？""就这么走了，还没为她饯行哪!""……"一片叹息，中间夹杂着埋怨、依恋和遗憾。

于是王蒙代表我，一一向各位表示歉意。他声明，这次回来，就是专程来辞行的。他一家一家地去赴宴、告别，直到上路手里还拿着李洪教师给做的烙饼炒鸡蛋。他说。还多亏有了这烙饼炒鸡蛋，因为他从伊犁回乌鲁木齐搭的是人家拉小麦的车，发车就晚了，又必须在两天内赶到，一路上紧赶慢赶，两天只吃了两顿饭。要不是李洪教师想得周到，准得饿肚皮。

离开伊犁前夕，正值中秋之夜。王蒙满怀惜别之情，辗转在我们那间临街开窗的小屋的卧榻上。窗外传来了久违而又熟悉的歌声：

你羊羔般柔顺而美丽的眼睛！

你永远消失了的温柔而明澈的眼睛！

一种莫名的忧伤，一种永远不会磨灭的对于明天的希望萦绕在王蒙心头。他甚至问自己：我是要离开伊犁了吗？

动身那天，来送行的朋友特别多。他们七手八脚，把瓶瓶罐罐、大小什物不断从那扇临街的窗里往外运送。

王蒙代表我，也代表他自己和孩子们，在心里暗暗地说：再见了，可爱的临街的窗！再见了，可爱的伊犁！

初冬，我们已经在十四中教工家属院内一套两间的平房里安顿下来。这是一排正要翻新的旧房，火墙烟道不畅通，屋里总是烟熏火燎的，还时时从地皮底层和墙角中发出一股陈腐的恶臭味。

即使这样，我们也很满足，总算又有了自己的家，又阖家团圆了；而且，学校就在隔壁，我可以免去上下班的奔波，儿子也可以就近安排在本校读书。

论理，我的孩子不该在我任教的学校里读书，以防诸多不便。但由于种种原因，山儿和石儿还是进了十四中。幸好他们都不在我任课的班级，而且最让我骄傲的是，他俩表现都很好，赢得许多教师的夸奖。石儿擅长体育，尤其喜欢跑200米，多次在比赛场上名列前茅。山儿则喜欢埋头读书，从不招惹是非，只是有一次他在街上饭馆里吃了一碗回锅肉，回来就染上了乙型肝炎，闹得我们全家不得安宁，后来不得不把他送回北京去休养了半年。这是我们搬家两年以后的事了。

家安顿下来后，王蒙就率领两个儿子"建设家园"。他们搭厨房，挖菜窖，干得有滋有味。一个两米多深的菜窖，只用两个半天时间就挖好了。父子三人站在菜窖边，显示威力似地说：

"等冬天窖菜时，让妈妈下去搬运！"我回答："如果我下去，就再也上不来了。"三人哈哈大笑，那副得意极了的神色，简直难以形容。

在新疆，冬季长达半年之久。入冬前，必须把取暖用的煤备好，这是当地人生活中一件大事。往往从九月份开始，各单位就忙着去郊区的煤窑拉煤，然后一卡车一卡车地往职工家里送。每逢煤来了，各单位都批给公假，让职工帮着卸煤，然后搬到自己家门前放好。我很喜欢干这个活儿，一见到煤，就觉得身上暖和了。王蒙帮着卸车，我则把煤一块一块地搭起来，排列成一个长方体。煤很重，有的一块有七八十斤，我吃力地把它们翻过来调过去，非摆到看着顺眼为止。王蒙常常站在一边嘲笑我："多此一举！"

最有趣的是，在我们那仅有六平方米的小院门前，有一棵沙枣树。大家都说我们很幸运，因为沙枣树是新疆的一种名树，它耐寒，皮实，果实比酸枣大，草绿色，含在嘴里麻酥酥的使舌根发木，但是香甜有味道。南疆人特别喜欢这种树，到处沙枣成林成片。我们门前这棵小沙枣树虽然只孤零零的一棵，却挺拔威武，不畏严寒，像个卫士一样日夜守卫着我们那个小小的家。

这时期，操持家务仍以王蒙为主，因为他时间比我多。他把一切都安排得井然有序。我每天下班回来，就能吃上他亲手做的热汤面，很舒服，但如果我带个朋友回来谈天说地，他的脸色马上会变得很难看。客人走了，他会埋怨我："好容易盼你回来了，还带个人来！做好的热乎乎的饭吃不上……"我打断他的话，怪他太不尊重我的朋友，为这事一晚上都不愉快。这时，他才把被打断的别一半话说完："……再说，让人家看见我，一个男子汉，总在家里做饭，多难为情！"我一下子理解了他的处境和心情，当然也就不再怪罪他了。

凭良心说，那段时间，王蒙确实为家务事花了不少时间和精力，我和孩子们心里都清楚。但他常常干了一点事就说成一大车："柴、米、油、盐、酱、醋、茶，哪一样不是我买的？"这么一表功，反而使人家不领情，干好了也落不下好。那时在乌鲁木齐，买粮难是各家各户最伤脑筋的事。可能是粮食紧缺，粮店少，再加上工作效率不高，粮店门口排队之长，等待时间之久，是一般人难以想象的。我家买粮，自然是王蒙的差事。他早早骑上自行车去，排上大半天，才驮着两袋子面粉或玉米面回来（那里缺大米，平日粗粮要占 60%），还弄得满身满脸都"挂彩"。大约是太累了，他回来后总是气势汹汹的，情绪极低，说话气儿不打一处来。每逢这样时刻，我和孩子们都悄悄站在一边，不敢招惹他，可他仍会找岔子大声吼叫："把我的时间全给耽误了！我的生命细胞不知又死了多少！……是谁买的粮？不买，你们吃什么？……"这时，儿子会马上回答："是您买的粮，是您买的油。您别说了，都是您……"

　　王蒙从"五七"干校"毕业"后，与原新疆文联多数同志一起，被分配到文化局创作研究室工作。还好，总算没彻底散了摊子。

　　到文化局不久，王蒙就被拉去为戏剧调演和曲艺调演作准备，主要是修改本子。文化局开了一次又一次剧本研讨会，组织了一个又一个剧本修改班子，王蒙到处出谋划策，帮着"出点子"，但搞来搞去，什么成果也没有。那时的文艺界，一会儿批《三上桃峰》，一会儿批"陶钝事件"；今天批"黑画"，明天批"无标题音乐"，谁还敢潜心创作，拿出自己的本子来?!王蒙说，他常常是一面讨论剧本修改方案，一面琢磨万一这剧本将来挨了批，一查，有他王蒙的修改意见，那还不是活活要了他的命！想到这里，他目瞪口呆，额头冒汗，哪儿还有心思搞什么剧本！

　　本子虽然没有搞成，倒是借此机会交了不少朋友。

　　首先是新疆话剧团的几位编导。尚九骖、吴云龙夫妇正在合写反映铁路工人生活的剧本《狂飙曲》，陈书斋正在写《绿玉河》。王蒙经常和他们一起研究来研究去，研究完了就饮酒高歌，谈笑风生。这几位朋友都很豪爽，讲义气。陈书斋听说我们家想喝鲜牛奶而附近买不到，就每天清晨去话剧团为我们打好了鲜牛奶，然后再让王蒙或我们的儿子骑车去取。

大约是 1975 年年初吧，全国话剧调演，新疆的《扬帆万里》（陆天明编剧）被选中了。王蒙为修改这个剧本出过不少力，但在当时情况下，他当然不可能随剧组去北京参加调演。话剧团的朋友为这事十分抱不平，也都很同情王蒙。为了表示安慰，尚九骖夫妇、陈书斋夫妇、王华轶夫妇和郑策夫妇特地在旧历除夕联合举办了一次盛大的晚宴，邀请我和王蒙去玩了个通宵。那次晚宴上，郑策的夫人陶思梦独唱了一曲《新疆好》。她是新疆军区文工团歌唱演员，歌喉极美，50 年代出版的唱片《新疆好》就是她录制的。那时，这首歌曲风靡全国，正在北京团区委工作的王蒙和正在学校读书的我，都常常听或唱这首歌。如今在新疆，在这特定的条件下再次听陶思梦唱起它，不由回想起我们的青年时代，回想起 20 年来的种种遭遇，真是感慨系之，恍如隔世。

新疆建设兵团文工团搞创作的姚承勋，也是与我们过从甚密的一个好朋友。他是北京人，在"思乡"这一点上与我们更多了一些共同语言。他听说王蒙 19 岁时写过一个长篇小说《青春万岁》，就一定要王蒙拿给他看。王蒙因这本书没有正式出版，不敢让他看，可他一次再次非要看不可，王蒙只好把自己冒着危险暗暗留下的校样给了他一份。令人十分感动的是，他不仅仔细读完了全部内容，而且用银色缎子和硬卡纸，把校样精心装订成了一本书，封面上端端正正四个大字：青春万岁。

他对王蒙说："你的书，我已经为你出版了精装本了！"

　　还有一位因讨论剧本而结识的好友，是新疆京剧团的贡淑芬。她也是北京人，1964 年从北京戏曲学校毕业，被分配到新疆工作。她为人热情、真诚，平时常在基层或吐鲁番等地深入生活，只要一回乌鲁木齐，就经常是我家的座上客。遗憾的是，她也像伊犁的李彦明一样，每次来访，总赶上王蒙在睡大觉，以致他有一次直率地问王蒙："我什么时候来你不睡觉？"她哪里知道王蒙如今又创造了"睡觉要以黄金分割法来安排才为最佳"的新理论，一天 24 小时，什么时候困了就什么时候睡。

　　那些年，乌鲁木齐的市场供应情况很糟，在某些方面还不如伊犁。我们手里拿着各种票证——肉票、油票、茶票、肥皂票……可是什么也买不到，没有供应的地方，没货。于是，在内地有亲友的人们就想方设法从北京或上海托人捎来"进口"货。对我家来说，贡淑芬可以说是我们日常生活的"大后盾"。她认识从北京到乌鲁木齐这趟列车上的列车员，每隔数月，就请她在北京的父亲为我们准备好一大块腌肉或是炒得七成熟的肉馅，放在饼干筒里，交列车员带来，她爱人郑毓华到乌鲁木齐火车站接站后再送来我家。

　　如今，贡淑芬夫妇已调到石家庄工作。她只要一来北京，仍是我家的座上客。

　　我们还和我青少年时期的朋友王菊芬接上了头。那是我们来到新疆十二年后，1975 年借一个偶然的机会联系上的。她多年来一直在新疆医院外科任护士长，她丈夫老高是位地质学家，也是她幼年时的邻居。他们俩可以说是青梅竹马。我们跟他们夫妇虽然分手几十年，一旦见了面还是亲热异常，总有说不完的话。毕竟是老朋友了。

那段时间我们生活十分单调、枯燥，这样的时刻能在他乡遇上故知，自然是更加感到友情的可贵。我们四人经常聚在一起，从家事到国事，海阔天空地聊，他们夫妇便用美味佳肴招待我们。老高的烹调手艺十分高超，他做的东坡肉，可以说水平胜过名厨。酒足饭饱，这位地质学家还会放开喉咙唱上几段京戏，然后大家一起去登鲤鱼山。站在山顶，微风从四面徐徐吹来，让人心旷神怡。王蒙说这是"大换了精神"。

王蒙一向酷爱游泳，这几年日子过得平淡无奇，他想游泳的愿望也格外强烈。乌鲁木齐没有室内游泳池，冬天无法游泳，一到夏天，他的黄金季节就来到了。他在"五七"干校结识的一批朋友，把他带到了乌鲁木齐的游泳天堂——红雁池水库。那里的水都来自高山积雪，水温偏低，却一点没有污染。水质晶莹清澈，水面就像一面银光闪闪的镜子，雪山、蓝天、白云都在水里倒映出来。抬头望，四周都是悬崖峭壁，见不到一个人影，使人感到好像到了另外一个世界。这里游泳极方便，用不着什么更衣室，随便找个地方换上泳衣就可以下水。王蒙更喜欢来悬的，站在离水面五米高的山崖边缘就扑通往下跳，说是要学跳水。幸而上帝保佑，他没有触到暗礁，我可吓得心里直打哆嗦，站在一旁真为他捏着一把汗。

我们在乌鲁木齐的最后几年，"文革"已到末期，像王蒙这样一些人已结束干校生活，可是业务工作还没开展，整天没什么事做，正是游泳的大好时机。所以，1973 年到 1975 那几年，王蒙游泳都游疯了，不但自己游，还把两个儿子也带了去。他们头一天先蒸好一大锅伊拉克蜜枣窝头，第二天上午就带了窝头出发去红雁池，中午在那里吃饭（那窝头大约已晒馊了），一直游到下午四五点钟才回家。王蒙说这是"神仙般的日子"。他只要游过泳，就神采奕奕，心情特别好。每次从红雁池水库回来，即使遇到再不愉快的事也从不放在心上。

1974 年，王蒙所在的那个既不创作也不研究的创作研究室，开始了"批林批孔"学习，每天下午必须到会。这也没能阻挡住王蒙的游泳，他照游不误。经常是游完了泳，匆匆换好衣服就直奔学习会场，于是头发蓬乱，嘴唇青紫，眼眶发黑，白眼球上布满血丝，关心他的人还以为他得了什么病，围过来问长问短。王蒙装出一副若无其事的样子，心里则暗暗发出恶作剧式的坏笑。

游泳虽然过了瘾，精神生活上却还是感到空虚。每到夜晚，王蒙就躺在床上长吁短叹。我劝他："你在伊犁积累了那么多生活，为什么不把它写出来？是该动笔的时候了！"他似乎没听进去，一副消沉的样子。

直到 1974 年 10 月 15 日，过 40 岁生日那天，他才真正受

　　1973 年，"批林批孔"运动开始，当时从伊犁回到了乌鲁木齐的王蒙热衷于到市郊的红雁池水库
游泳。图为王蒙从水库边的石崖上一跃而下。

到了触动。那天，我们很难得地买到了啤酒，我和孩子们举杯为他祝贺。他百感交集，一下子想了许多——19岁风华正茂，写了第一部长篇小说《青春万岁》；29岁而立之年，举家西迁来到新疆，还不是为多积累些生活，写出有份量的能经得住历史考验的作品来。然而历史偏偏捉弄他，雄心、抱负，都被十年"文革"耽误了。如今年满40，却一事无成，能不让人痛心！但同时，他也有了一种不能再耽误下去的紧迫感，特别是读了一篇安徒生童话之后。那童话描写了一个人的墓碑，墓碑题词大意是：死者是一个大学者，但还没来得及发表著作；死者是一个大政治家，但还没来得及当上议员；死者是一个运动员，但还没来得及破纪录。童话嘲讽了那种空有大志，等待明天，终于一事无成的悲剧性格。这篇童话给了王蒙相当大的刺激，他一再向我复述它的内容。就在过40岁生日这一天，他庄严宣告：再也不能等下去，必须从今天而不是明天就开始努力写作！

他又拾起了已丢掉十几年的钢笔。刚开始，困难重重，他便先搞些维文翻译。他翻译的第一篇小说是一位青年作者写的《奔腾在伊犁河上》，内容反映放木排青年工人的生活。他还翻译了不少诗歌，其中包括新疆著名诗人铁衣甫江的作品。

铁衣甫江"文革"中遭冲击，1970年"清队"时被认定为"敌我矛盾按人民内部矛盾处理"，下放到呼图壁乡下务农。1973年文联大多数同志从干校"毕业"，他也被"收回"。王蒙和他很谈得来。赛福鼎同志主持新疆工作后，铁衣甫江由"黑"变

"红",成了赛福鼎的座上客。这次王蒙下决心重新拿起笔,想请一段创作假,但又不便开口,便请老铁从中帮忙。为这事,我们专门请老铁吃了一次饭。那时乌鲁木齐酒不好买,王蒙东奔西走,好不容易才买到一瓶广西出的质量较好的酒,但它带着一种浓重的药味。老铁只喝了一口就十分礼貌地"温良恭俭让"起来。我们心里明白,却也无可奈何。王蒙婉转地提出了自己的请求,老铁满口答应。不久,他就与创作研究室负责人阿不拉尤夫谈妥,告诉王蒙不用坐班,安心在家写作。

决心下了,时间也有了,于是王蒙沉下心来写作。这是他二十几年来梦寐以求的。整个 1975 年,他几乎一直在我们的斗室里伏案疾书,第一部作品便是以新疆维吾尔农村为背景的长篇小说《这边风景》。谁也不曾料到,他在写作中遇到了巨大的难以克服的困难。当时,"四人帮"正在肆虐,"三突出"原则统治着整个文艺界。王蒙身受二十年"改造"加上"文革"十年"教育",提起笔来也是战战兢兢,不敢越雷池一步。作品中的人物又必须"高大完美","以阶级斗争为纲"。于是就出现了这样的矛盾现象:在生活中,他必须"夹起尾巴"诚惶诚恐,而在创作中又必须张牙舞爪,英勇豪迈。他自己说,凡写到"英雄人物",他就必得提神运气,握拳瞪目,装傻充愣。这是一种什么样的滋味,不是"个中人"是很难体会得到的。因此,尽管王蒙有深厚的生活功底,也写得很苦,很下功夫,作品却仍然不能令人满意。

1976 年"四人帮"垮台了。这历史的转折也成了王蒙文

《这边风景》1974 年开始写作，1978 年写罢成稿，2012 年重读并校订，2015 年斩获第九届茅盾文学奖。

1975 年夏，王蒙夫妇与孩子在北京团聚。左起：长子王山、王蒙、次子王石、女儿王伊欢、崔瑞芳。

学活动全面复苏的开始。文学界活跃起来，被禁锢了十年来的文学刊物开始逐渐恢复。王蒙贪婪地阅读着，吸收着。他在《世界文学》上读到井上靖先生的一篇作品《一个冒名画家的生涯》，读完了赞不绝口，说这篇作品写得细致，具体，含蓄，喜怒不形于色。阅读中的激动也勾起了他自己的创作欲望，这下他可以放开手脚，大刀阔斧地写作了。经过许多个不眠不休的日日夜夜，他终于写成了初稿《这边风景》，同时许多散文、诗歌和短篇小说的题材也接踵而来。

1977 年，《新疆日报》发表了王蒙的第一篇短文《诗·数理化》。接着，中国青年出版社黄伊同志来信向他约稿。我趁寒假回北京探亲之便，把《这边风景》捎给了黄伊同志。这都是很好的开端，但当时的"气候"还未完全"解冻"。记得我在北京时，曾代表王蒙去探望一位多年来十分关心他的老同志。推开她办公室的门，只见她目光呆滞，竟不敢正视我。我向她介绍了王蒙这些年在新疆的情况和处境，她支支吾吾地答应着，脸上没有一点表情，看得出她很"戒备"。我马上起身告辞。回到新疆我把情况讲给王蒙听，他叹息了好久。一位那么善良、热情的老前辈，竟被"文革"折腾得这么惨！事实上在我们调回北京，十一届三中全会后再去探望她，她就像完全换了一个人，和王蒙谈起话来，依然像二十年前一样亲切，真诚。

文学创作使王蒙的生活完全改变了。用他自己的话说，他"又回到了一个巨大的、有魅力的世界中来"，"只有在写作时，

才会有一种空前的充实感"。"气候"在一天天改善。1977 年
岁末他写完了短篇小说《队长、书记、野猫和半截筷子的故
事》，第二年 1 月 21 日定稿，24 日寄往北京《人民文学》杂志。
五个月后，1978 年 6 月 5 日，我在办公室随手翻开第五期《人
民文学》，上面竟赫然印着王蒙的名字，《队长、书记、野猫和
半截筷子的故事》发表了！我马上放下正在批改的作业，抱起
那本杂志就往家里跑。天正下雨，我把杂志揣在怀里，浑身上
下淋成了落汤鸡，杂志却安然无恙。离家门还有八丈远，我就
放开喉咙大叫："王蒙，你看，你的作品发表了！……"王蒙
正包饺子，那沾满面粉的手一把把杂志抓过去，嘴里念念有
词："真快！真快！"二十年了，我们从未有过这样的兴奋——
他终于又回到了文学界！

从此，他的写作一发而不可收。《向春晖》《快乐的故事》
《最宝贵的》，一系列短篇小说先后发表。接着，他得到中青社
邀请，去北戴河修改《这边风景》。王蒙高兴极了。他说他和
中青社有缘，当年他的《青春万岁》就是交中青社出版的，中
青社也已发排，只是因为 1957 年的变故才停下来。他总觉得
欠着人家一份情。这次去北戴河，一来还情，二来可以在大海
里痛痛快快地游泳，真是做梦也想不到的好事。我完全理解他
的心情，叫他放心地去，莫要牵挂家里的事。新疆这边，有
我哩。

王蒙在 6 月 16 日抵达北戴河，下榻黑石路 4 号共青团中
央招待所。这一去就是半年。

在频繁的通信中，我们不断交流着各自的情况。我这里一件大事是，两个儿子都考上了大学。大儿子读的是新疆大学，就在乌鲁木齐；小儿子则去陕西进军事院校。事情决定得很仓促，我甚至来不及和王蒙商量，孩子自己愿意去就去吧。尽管他俩读的学校和专业都不是十分理想，但总算是赶上了高考改革这趟车。他们是幸运的。王蒙则不断介绍他在那边的生活情况。他说他从来没有过过这样舒服的神仙似的生活。上午写作，下午游泳，什么事都不用操心。他对大海有种特殊的感情，后来他的作品中曾多次出现对海的描写——多变的海，愤怒的海，平静的、嬉闹的和欢腾的海。

他还向我描述了 1978 年 9 月 24 日北京文学界朋友的一次聚会。参加的有邵燕祥、丛维熙、林斤澜等等。这些由于政治原因、社会原因而分别了二十多年的至交，一旦聚首，其动情程度可想而知，连我这身处八千里外的人都受到了感染。

最令人振奋的是王蒙的第一部长篇小说《青春万岁》，将由人民文学出版社出版。这个难产儿，在沉睡了四分之一世纪后，终于要问世了。我从王蒙信中知道这个消息，又读了他为这本书写的"后记"，不由得泪流满面，好长时间平静不下来。

当然，王蒙也不是一切顺利。他花了很大力气写作和修改的《这边风景》就终于没有搞成。这本书写成于"四人帮"猖狂时期，整个架子是按"样板戏"的路子来的，可以说在胎里就受了病，先天不足。尽管有些段落很感人，有些章节也被一些刊物选载过，但总的来说是个不正常的产物，怎修改也挽救

1978 年在北戴河海滨。

不过来，最后只好报废。现在有一些人总认为王蒙在写作上顺利得很，似乎写什么都是手到擒来，不费吹灰之力。他们哪里知道，王蒙还真有过这种费了九牛二虎之力结果却搞成了个废品的经历。

王蒙从北戴河到北京，又住了一段时间。这时，我从报纸上看到北京在"前三门"建成新居民楼的消息。不知为什么，我直感到我们会去那里住。我给王蒙写信说："希望我们调回北京后能分到前三门的房子。"王蒙马上回信告诫不可想入非非。几十年逆境使他对任何好事都不敢抱奢望，即使我有所幻想，他也连忙要给我泼冷水，降温。

然而，形势毕竟不同了。以党的十一届三中全会为起点，开始了新的历史时期，长久以来压在心底的许多愿望竟都做梦般地成了现实。1978年12月5日，由《文艺报》和《文学评论》主持，文艺界在北京新侨饭店开了一次会，为许多人的作品落实政策，其中最引人注目的是王蒙的《组织部新来的年轻人》。紧跟着，北京市文联出面联系，把王蒙调回北京。主管东城区教育工作的刘力邦同志得知此事，马上着手调我，想让我到东城区的中学任教。但我去新疆前，原单位是崇文区109中学。当年的教导主任赵爱兰还在，非要我回去不可，于是我在北京的接受单位也很顺利地解决了。

1979年春节前夕，腊月廿八，王蒙兴高采烈地从北京回来了。我们在新疆度过最后一个春节。家里包了饺子，做了年糕，到处喜气洋洋，但也夹杂着一种莫名的惆怅。新疆是我们

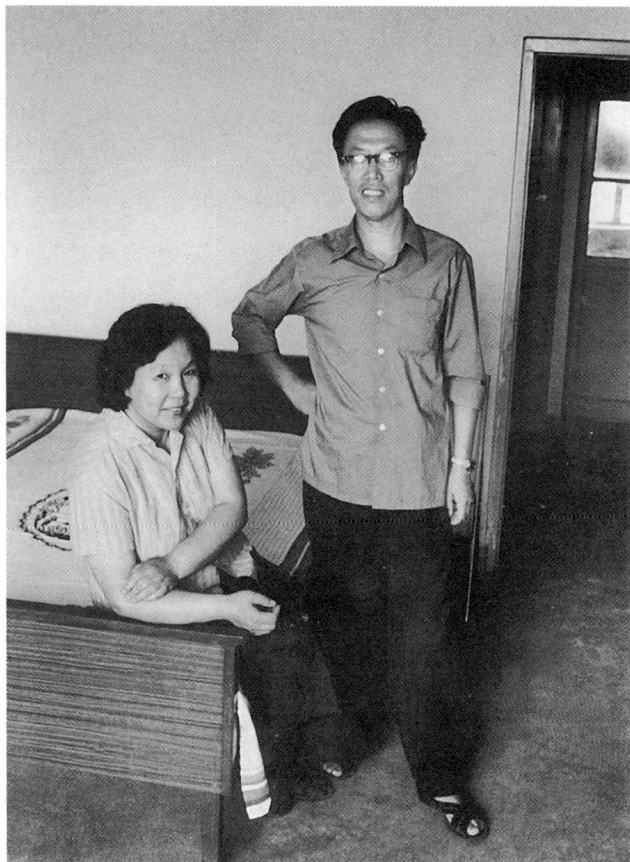

1979 年迁入北京"前三门"新房。

的第二故乡，我们在这里整整生活了 16 年。16 年！人的一生中能有几个 16 年！我们把生命中最灿烂的时光都献给了边疆。天山的雪莲，伊犁的河水，巴彦岱的乡亲，众多的挚友，一切都那么让人依恋。如今真的要离去，我们怎么能舍弃忘怀！

冬天过去了，春风吹过玉门关，给我们带了春的消息——王蒙的小说《最宝贵的》获了奖，还有一大批作品要陆续发表。我们调往北京的事也已迫在眉睫。（有趣的是，北京市文联给我们安排的住房，恰恰正是我曾经向往过的前三门的新住宅楼！）

家里突然热闹起来，天天门庭若市。朋友们有的来祝贺，有的来倾吐衷肠，还有的索性动手帮我们料理家什，准备行装。我和王蒙几乎天天去人家里吃饯行饭，一直到临上火车前，还有几家来不及告别。

1979 年 6 月 12 日，我们终于登上了乌鲁木齐开往北京的 70 次列车。到火车站送行的竟有 40 余人，那动人的场景会永远铭记在我们心中。火车徐徐开动，车上车下泪水洒成一片，一只胳膊伸进车厢，最后再送来一网兜苹果。我实在忍不住，望着那逐渐远去的人群，不禁失声痛哭。王蒙比我会控制自己，他连连说："我们还会回来，我们一定会再来的！"

王蒙的一天

方蕤

天蒙蒙亮，我还没完全醒来，似乎在睡着。突然听到王蒙说：别跟我说话，我再睡一会儿。

我感到纳闷，心想我并没对他说什么，而且正睡着呢，也没有力量去说什么，相反，他这么无的放矢地一说，不是反而把我吵醒了么？

没多大工夫，就听他说："我做了一个梦。""你不是不让说话吗？"其实我早已经被他吵醒了。"你看你，"他说完，继续说他的梦："我梦见石儿了，好像就在家里，在梦中我说你不是在美国吗？"

石儿是我们的二儿子，现在美国上学。我说梦是心头想，日间我们不是说到他了吗？晚间就托来了梦。此时我俩的心情都有些酸楚。

醒来说梦，是经常的事。做了噩梦，经这么一说就破了；做了好梦，共同分享。说梦不仅是早晨，有一天，1990年11月6日深夜两点，我正迷迷糊糊地睡着，就听到他很兴奋地叫我：方！这一声，我已经醒了。他说："我的长篇小说出来了，小说中的人物、性格、言谈话语……各个都在梦中跟我相会。有一种写作的冲动，非要写出来不可了，一定会写好的，一共五卷，第一卷叫《恋爱的季节》、第二卷叫《××的季节》……如果两年一部的话，十年完成。打宽点，七十岁也完成了。"

"哦！我真为你高兴。"我又鼓励了他一番。我知道，这哪里是他的一个梦决定的，他已经酝酿了很久，乃至是他的几十年的梦，无时无刻不在萦绕着他，渗透在他的灵魂里。那天我再酣睡，也甘愿他把我吵醒。

我们有一座小庭院，虽说不大，却有风味。院内有四棵树：枣树、石榴树、柿子树和一棵香椿树。清晨，几只小鸟围绕在几棵树的枝头上飞来飞去唧唧喳喳叫个不休。咖！咖！咖！突然传来一只喜鹊的欢叫声，立刻我的心情极为舒畅，我说："今天准有好事，你听，多么欢快的欢呼声！"

阵阵凉风从门窗缝隙中传进来，使人的精神顷刻感到振作。时钟还不到7点，他已经合衣起床，趿拉着拖鞋走出卧室去了。不出家门的话，不论春、夏、秋、冬，他是不喜欢穿袜子的，这是他自小的习惯，他自己解释为一种卫生措施；听说1957年的那场运动中，他的穿着拖鞋待客与在书架上摆了我的大照片也曾作为两个"问题"写入材料送抵上级领导那里呢。

他轻轻地推开客厅门，咪咪已经仰望着他，"喵喵"地向他问安，围着他的脚舔来吻去。我听到他在窗下挪动猫食盆的声音，咪咪跟他进了厨房，他把鱼煮熟，喂咪咪，然后我听到太阳能水箱哗哗地流水——给太阳能水箱上水。这是他每天必做的事，不把水箱上满水往出溢再往下流，而且是哗哗地流，他是决不罢休的。其实他是最讲究节约的，这项浪费，纯属是他的机械的责任感——他认为他必须把水上满。这种事如果发生在我家的任何一个人身上，那这个院也装不下他的反浪费的呼叫。

尔后，你会听到厨房磨豆浆的声音，龇龇的尖叫声足足要 15 分钟，粉碎机很小，磨够全家喝的，要分几次才能完成，他也不着急，他喜欢干这差使。头一天，他吩咐小阿姨泡上黄豆，我就清楚了，次日的早点，不用我操心了，可以不必那么早起。他这样一折腾，我不得不起来了。我看到他正用微弱的火，煮着豆浆呢！我等了好半天了，锅还不开，就把旋钮朝向加大火门的方向，火自然大了。这时王蒙发现了，火冒三丈："你这是干什么？让它全扑出去？既然我来管，你就别掺和。"他要干点事，别人就别想活了，我堵着气坐在餐桌前。他吩咐小阿姨出去买油条，一喝豆浆，即使炸油条的油质是劣等的，也得买，他认为这样才谐调，配套。

说起买油条，他还有一段佳话。一天，新凤霞在电话里称赞，王蒙可真行，在当部长时，早起穿着一双拖鞋排队买油条，后面的人说，人家真没架子，他是部长呢！这是从北小街的居民传到新凤霞那里的。

餐桌上摆好了热腾腾的豆浆、焦脆的油条、面包、黄油、咸鸭蛋……他挑出蛋黄递给我，说你爱吃这个。可他怎么让我也不吃，他很奇怪，怎么了？我还噎着呢！吃不下去。尽管他费了劲，一时我也缓不过来。刚才他的独断专行的那几句话，把我噎到南墙上。此时他早已忘记我不快的原因，还纳闷呢。我也没法再生气，用我的女儿的一句话，说——跟我爸爸生气，不值。

他边吃边呼唤：山！东升（我们的女婿）……喝豆浆！自以为有点劳苦功高。

8 时许，王蒙走进小书斋，坐电脑前，立刻投入写作。上午是他的黄金时间，他说不管谁来，他都不见，也不接电话。

自从有了电脑，他只要一坐在那里，就文思潮涌，马上有敲键声传出来。用他的话来说，过去爬格子之前，总是要做点这做点那才会静下来，逐渐投入。现在可好了，电脑就像个玩具一样地吸引着他快快去写作，他太喜欢这个电脑了。

正当他珍惜此刻时，我家的门铃铛铛铛地响起来。算万幸，是找我的。一位老编辑，本是为有关我的一篇稿子的事，简短地谈好后，他非要见一下王蒙不可，并说，王蒙当部长时我不来，现在我要见他。我踌躇不安，又不肯说假话，说不出王蒙不在家。我支支吾吾说他正赶写一篇稿子，电脑前一投入，不能很快停下来。这位老先生又说，只需要五分钟，你跟他说就要五分钟。我实在不敢、也不愿打扰王蒙。我硬着头皮，踮着脚，悄悄地走到他的电脑旁，看着他敲到句点，才说你去一下吧，只需五分钟。他不出声，我只好退出门外，在另外一个空间徘徊，也不敢见老编辑。总算过了十来分钟，他出来了。

哪是 5 分钟，起码是它的四倍。老编辑说了些传闻，然后是问安祝愿寒暄告辞。

我看到王蒙满面晦气。送走了客人，他说：是好人，好心，就是说来就来，从来也不打个招呼。幸亏王蒙还有这种本事——他自称是"抗干扰"性强，他又回到北屋的小书斋，回到他的电脑前，继续投入。

我在东屋做点我想做的事，但不断地被电话打搅。他有话在先，上午的一切电话都由我挡。我坐在写字桌前，电话声响一声接着一声，十之八九是找他的，我只能答，对不起，您有什么事跟我说好吗？或说请您将电话号码留下，下午 4 点后再联系……

9 点半左右，我沏上两杯茶，给他送上一杯。有时他会自动走到客厅，自己沏上茶，调剂一下情绪，休息十来分钟。饮茶是我们共同的爱好，通常是用上等的花茶及绿茶，有时候也喝乌龙。自从去了一次新疆，时常早点时喝奶茶。一天里，无数次，一有空就喝茶。为此我很骄傲，很得意。王蒙喝茶的兴趣，用他的话来说，是我给培养起来的。记得我俩才认识时，我到他家去做客，他给我的是一杯白开水。我感到很惊讶，误认为是他家暂时没有茶叶。后来才得知，他从来不喝茶，他们家也很少为买茶叶而破费。他自觉地坚持喝白开水，并把它视作一种艰苦朴素的美德。他和我结婚后，我是不停地往家里买茶叶。1958 年时，买 8 角一两的茉莉花茶就感到不错，那已经是很清香的了。后来逐年逐步升级，到目前我买的是 30 元一两的，还不觉得怎么样。这些年来，王蒙跟着我一起品茶，愈来愈品出点滋味，而且走到任何地方，也离不开茶。

上午的时间，他抓得很紧，喝上一杯茶之后，匆匆地又开始了他的创作。此刻，是他一天写作中的高峰，最佳状态，情节展开了，全身心倾注，文思敏锐，灵感频频涌来，思绪似泉水奔放。写作达到此境界，凡人都快成仙了。恰在此时，电话铃声响了，非要他亲自接不可，说是要改变与他人会见的时间，要马上定下来，很紧急。

我迟缓地，不情愿地走到他身旁说："王蒙你要接这个电话，人家等着定时间呢。"没料到，这回他真迅速，可能是因为已经 11 点多了，该休息了。他立刻从座位上起来，顺手把电脑开关键关掉，提起电话，"喂！"了几声，才知对方是谁，在梦境里把事说妥。

还没等我在厨房跟小阿姨安排好午饭，只听从北屋传来声声惨叫：唉呀！唉呀！那声音活像他挨了一刀。我吓呆了，赶快跑过去探虚实。他正在客厅的门前，站在那里，脸色苍白。见到我后，说糟了糟了，全没了！什么什么？一时我弄不明白。他又说一上午打的字全洗光了，就是你让我接电话，没存盘（从未发生的事）。我站在那里，心率过速，一时哽塞，什么也说不出。我看他那痛苦的样子，心里难过得如刀割。本以为今天有好事呢，不是喜鹊来报喜了吗？我振作起精神，又劝了他几句，着急也没用。他说这是写得最精彩的了，进入那么好的心态，是很不容易的。他叹息了一阵子。

此时，他随便翻了翻当天的报纸，就催饭。12点用的午饭，比较简单，鸡蛋韭菜馅包子，两碟小配菜，大米绿豆粥。显然这顿饭吃得无味，他说吃进的像一堆草，缺乏动物性蛋白质，影响白血球里抗体的生成。我说晚餐我们再弥补吧！

我还在午休，他稍休息了一小会，就又去到电脑前，追回上午的损失，但是我知他下午的活动排得是很满的。按惯例，两点钟，我起来了，我们照旧煮咖啡，用的是德国产的味道很刺激的一种，我常常形容它的浓香味像鸦片。我们的习惯还是少许加一点糖和奶，不喝纯的，但很浓郁。一杯咖啡喝下，他的情绪大有好转。我知道，经过中午的奋战，他已经挽回了不少损失，再说无论遇到多大的不快，他的反应是不会超过半天。不像我，生了气半天缓不过来。

两点半，他说约好了一位外地朋友来家小坐，怎么还不来？

3点还有一位出版社的编辑来谈文稿的事，4点他要游泳去。如不守时刻，往后一推，就麻烦了。正说着，客人来了。如果单纯是工作上的联系，一般我不出面，或给倒杯茶水，就不奉陪了。

乘这个空闲，我到远处崇文门菜市场采购食物。不是要改善晚餐吗？附近都是一些一般的副食品，自朝阳门菜市场拆掉之后，快五年了，到如今，新的市场还没影呢。听说改建后命名为奥运之光购物中心，难道要等到 2000 年才修好么？

4 点正，当我赶回来时，王蒙又在那着急，东翻西找，抽屉、挂袋、衣架和衣柜里的衣服翻得东躺西歪。"你找什么？""游泳证哪去了？我没时间了，快帮我找！"我跟着忙了半天，白费劲，因上回他游泳回来，并没把证交给我，我无从着手，只是推理，他乱放东西惯了，这回我是无能为力。"不行，时间到了。你去吧，交 5 元押金进去。"

他去了养蜂夹道干部活动俱乐部，刚到柜台，服务员小姐说：这是您的证吧？原来他上一次来游泳时根本就没有取出证来，当然也没往家放。

游泳是他的第一爱好，有极大兴趣。除了夏季在海边度假，能在大海中游泳之外，平时在北京的日子里，他是一周去两回室内游泳池。看他在那儿跳水，真觉得好笑。就那么一小池水，来游泳的人，大部分是离退休的老干部，人家都是规规矩矩的慢游，只有他像自杀一样的乱跳，跳水的姿势又不美，一个劲地咚！咚！咚！往下跳，搅得人家游得也不踏实。最有意思的是前几个月的一天，忽然在他常跳水的地方，支起一个很大的牌子，很远可看到几个醒目的大字：此地严禁跳水。他很清楚，这是为他专门设计的。他不得不停了几回跳。过了些日子，牌子没了，他依然游得、跳得很欢。

5 点 50 分，他回来了。不进屋门，先找猫，咪咪呢？咪咪正在那里甜睡呢！一听主人叫，抖抖身上的土，喵喵地追了出来。猫的女儿呢？满院子找不着她，准是上房了，原来咪咪的女儿只会上房，不会下来。这时她正在房檐来回寻找下来的路，急得乱叫，王蒙搬起一个院中的藤椅，高高地举起，来！快来！往下跳。他把藤椅举得高高的，胳臂都酸了，还坚持。可能小猫看出主人这份心意了，战战兢兢地，眼睛瞪得圆圆的，终于下来了。

我们的儿媳小璐便说："爸爸成了'猫电梯'了。"

我把厨房的事一五一十地跟小阿姨交代清楚了。活鱼要先剖腹出血，不要把它弄死再收拾；拌沙拉的土豆不能煮得过烂，也不能生；先把鸡块放好姜丝、花椒、料酒煨上；鱿鱼的刀功比较难，我拿起一块示范，从背上揭下一层皮，然后刻花纹要密纹路……之后，我从门厅抱回一大摞信、报。发现了一封来自法国的信，是一位研究中国文学的傅玉霜女士写来的，说她很喜欢王蒙的小说，并征求王蒙的同意，想翻译他的短篇小说《Z城小站的经历》，我暗中欢喜。说来也怪，她怎么选中这篇了。这篇小说的构思、初稿，全是我写的。看来还是女性的视角能与女性沟通。她欣赏它，我很快活。哦！这正是早晨喜鹊报来的喜讯。看！我又来了，反正怎么样都可以解释这一天里发生的愉快的和不快的现象。

今天晚上家里的人全回来了，除了在美国的二儿子石儿，共8口。6点15分，我招呼大家到餐厅，把一张椭圆形的餐桌围得满满的。大家喝一杯，女婿东升把世界名酒马爹利启

瓶，山儿为每一位斟上，小孙子小雨喝可口可乐。女儿伊欢
说今天的菜真丰富，儿媳小璐尤其喜欢吃她自己做的什锦沙
拉。小雨举起饮料杯，要求跟我们碰杯，祝爷爷、奶奶身体
健康！一下掀起相互碰杯的高潮。借此酒兴，大家说了许多
笑话。伊欢说了一个有人把李逵读成李达的故事；王蒙大发议
论，也说了一个笑话，是他从《读书》杂志上张中行老师的一
篇文章中趸来的。说是有两个人对四七二十八还是四七二十七
争论不休，直找到县官，请青天大老爷定案。结果法官令差
人，把坚持四七二十八的人拉出去打三十大板，此人不服，问
个究竟。法官说，他已经糊涂到如此地步了，你还能跟坚持
四七二十七的人争辩吗？不打你打谁呢？让你清醒些。大家听
了拍手叫绝。王蒙是自说自笑，自己叫好，而且悟出道理，决
不跟四七二十七的人争论，不屑一顾。我说反正挨打的人是坚
持四七二十八的，而四七二十七的人却逍遥法外。王蒙便说
"你说得深刻"。

此时的菜饭吃得也差不多了，只剩喝汤了。门铃不停地
响，这是谁呀？你约人了吗？王蒙说，约了一位，7点钟，不
是今天就是明天。客人进家门了，王蒙马上迎上，也顾不上喝
汤了。他没有在本上记事的习惯，近一两年，个别时间安排有
漏错。有一两回，我在电话机旁边听到他约人的时间与另外一
位在时间上重了，我说你不是已经约过人了吗？他才再换另一
个时间。

有时他也感叹地说，现在的记忆力远不如从前了。年轻时

自己写的小说，发表后多年了，还可以整段地一遍一遍地、一字不漏地背诵。现在呢，有时看到某一篇文章的每一段，看着看着觉得文风、语言都很熟悉，再看原来是自己写的。说到此时，他还是有点悲哀呢。

话说 7 点准时赴约的是社会科学院的朋友，他们谈得好不热闹。中间还插进一桩要王蒙题词的"官差"，因要得紧急，他只好当场大笔一挥，交差，并叹息道："少壮不努力，老大徒伤悲，小时候没有好好练字，现在又整天给人家题字，真是为难啊。"

送走了客人，已经 9 点了。还没等我们两人坐下，伊欢推开门娇声娇气地说："爸爸、妈妈这几天也不理我了，看也看不见你们！"一时好像我们真有点理亏。然后我们又说，"还看不见你呢？东升出去了，你才想起我们来。"跟女儿逗起来了。

"爸爸，你看过这期的《读者文摘》吗？有很多小文章，挺有意思的。"然后女儿说起马克思的答女儿问。马克思回答她女儿的问题，其中有一题是这样：你最能原谅的是什么？答：轻信……女儿对此非常感兴趣。

"那么你问我吧！"王蒙主动挑战。伊欢非常兴奋地向他爸爸提问，他们父女一问一答，像是参加竞赛，问答都很流利。

最崇拜的人？

达·芬奇。

你认为人生的真谛是什么？

永不停留，不停息地追求。

你认为什么是天才？怎样才能有成就？

集中精力。

你最能原谅的缺点是什么？

无知。

你最讨厌的是什么？

卖友求荣。

你最喜欢的格言？

大道无术。

你最喜欢的职业？

那还用说吗？写小说！

…………

此刻，11 点了，话正谈到兴头上，女儿还要大发议论。我说天不早了，该休息了。伊欢说整天是你们俩一块说，还是不乐意理我。这样又热闹了一会。

夜深人静了，微风吹动着树叶，发出瑟瑟的声音，我很喜欢听。

王蒙入睡得很快，睡得很甜。我想，他一定会做个好梦。

（注：这是王蒙辞去文化部部长职务后的某一天的记录。）

春满吐鲁番

王　蒙

哪一个不曾欢跃地迎接过春天？哪一个不曾为春天的到来而感到熨贴心灵的欣喜？但是，让我这样说吧，我还没有见过，没有见过像今年吐鲁番的春天，这样饱满，这样温热，这样以无尽的生机闪耀。

宜人最是春早

苏公塔渐被遮住，一排圆拱屋顶闪露出来；运肥大车的马摇鬃长嘶像对我们表示欢迎似的；田间整地的社员，此起彼落地挥舞着砍土镘。我们的车子颠簸着驶入县城北门，刚过银行大楼，就被修路的人群阻住了。司机一边倒车，一边赞叹说：

"这路修得真快！"

好红火的修路！白发、红颜，职工、农民、干部、学生，各族人民聚在这里。拆城墙的拆城墙，刨树根的刨树根，赶驴车的打着唿哨，挖植树沟的弓着脊背。他们掀起了漫天灰土，厚重的沙尘中显出一张张质朴的笑脸与一双双放光的眼睛。路旁渠水上浮游的鸭子，凝然地歪着雪白的脖颈，呆望着这一切，似乎在寻思为什么今年的春天是如此的不平静。

春节才过，乌鲁木齐登车的时候还冷得不住地跺脚，下车的时候却是汗水涔涔了。尘土和着汗水，在我们的脸上印下了春的痕迹。同行者说，这十多米宽的干路，将铺上水泥，从此就不会有尘土的威胁了。

步出东门，一路上毛驴儿来往穿行。有一头驴驮着三个巴郎子，后面的攀着前面的肩，混在一起的笑闹声透露出童年的欢乐；一个戴着可可色大头巾，穿着玫瑰色裙子的维族妇女，停在一家居民门口，下了驴背，用清脆的嗓音向人问好。原来，那家女主人，正在街旁铺着线毯，曝晒积存的粮米。阳光灿烂，玩跳房子的小姑娘有的打着赤脚。宅旁是汩汩的流水，渠帮岸的小草儿，已经逗人喜欢地绿了。果然，春风早度吐鲁番！

当晚，周末晚会的舞台上，也是一派春色。人们自编自演，载歌载舞，欢唱丰收，欢唱修路，欢唱去年开始的全面规划建设。县一中教师们表演的活报剧，尽情幻想着几年后吐鲁番的新面貌。结尾，演员回到了当前，用维汉两种语言鼓励正在为实现这个不远的远景而辛勤劳动的观众，并且表扬了带头参加的领导干部。台上和台下笑声和掌声交融一片，那热劲，那响声，简直要把这座小小的礼堂冲起来。

礼堂是春节前夕刚刚翻修完工的，可容三四百人，这晚上却到千人左右。窗台上，墙壁边，柱子上，都紧紧地贴满了观众，大门口还挤满渴望看看节目的人群。我还从来没有参加过这样拥挤的晚会，虽然坐得不会舒服，秩序难免紊乱，却是那样盛况空前，充溢着腾腾的热气。

我们是到吐鲁番寻春来的，不待"寻"，春光已自四方八面扑来，令人应接不暇了。

道路通向新的高潮

第二天，我们到五星公社去。在公社管理委员会门口，放着许多崭新的木牌子，白漆油亮油亮，散发出一种使人联想起新建筑的兴旺的气息。木牌上画着各种符号，写着"岔路""桥梁""时速限制""鸣笛"等字样。这是社员们自动赶制的路标，他们要把心爱的新道路装备得齐全完美，像个正规的国家公路的样子。

多少年来，"农村"这个词儿总是一下子就使人想起坎坷蜿蜒的小路、高低散乱的田块和横七竖八的房屋。小农经济嘛，谈得上半点有计划的建设？如今，阶级关系、生产关系有了地覆天翻的变化；战胜灾荒之后生产连年发展；又取得了社会主义教育运动的胜利；人们迫切要求改变旧有的落后的农村面貌。去年，有些社员去石河子参观了农八师的规划建设，那种现代化的社会主义大农业的面貌，使他们深深地羡慕和激动。秋后，有些生产队便修起道路来。自治区党委和吐鲁番县委领导根据群众的要求和生产发展的形势，派来了技术人员，开始了全面的规划，包括丰产条田、新居民点、防护林带、排灌渠系、田间路网……修道路，便是第一个战役。祖祖辈辈走惯了的狭窄弯曲的小道，将要被宽广平直的大路所替代，农村的面貌，从此要大变了。

我们达到了时候，修路工程接近收尾，第二个战役——植树和修条田已经开始。但是，人们仍然喜欢回忆元月份大修道路的情景。参加了县里和公社里的规划训练班，听了传达，干部和社员都兴奋地说："这回，知道社会主义的农村是什么样子了。"于是，五千人聚集起来，战胜了严寒冻土，用短短的二十天时间修起了五十几公里路，搭起了许多坚固的木桥。过去，维族谚语说："火是冬天的花朵"，修路的社员创造了新的谚语："火种就在人的身上，劳动才能使这花朵盛开"。不是吗？数九寒天，十几岁的少年人穿着单衣干活，却仍是热汗淋淋；妇女们把孩子托付给临时托儿所，踊跃地投入了这个热潮，她们的衣着虽然比较讲究，干起活来却是一样泼辣，鲜艳的头巾与多采的绸裙，正是冬日苦战中缤纷的花朵。雅尔湖一对七十多岁的老夫妇，特意走了十几公里来看新路新桥，看着看着脱掉了外衣，抢起砍土镘和大伙一道干起来了。幸福大队高龄的依拉洪老汉，坚决要求分给他四十米的任务，怎么劝也劝不住。有三个留在村里积肥的小伙子，要求参加修路没被批准，哥儿仨一合计，就在晚饭以后去到工地，趁着月光，一晚上修了十几米。

他们给新修的路起上动听的名字："光明路"，"幸福路"，

"高潮路"……并统称之为"社会主义的路"。正是"社会主义的路",才无比地吸引着四面八方,男女老幼。当碰到地形障碍或房屋的阻挡时,技术员计划绕个弯子,社员群众却不答应,他们宁可多挖、多抬几十方冻土,多接几车砂石,以至搬移房屋,也要把路修平,修直,修科学,修理想。他们的道理简单而又明确:"因为这是社会主义的路嘛。"

路修好了,人们走在笔直的新路上高兴得唱起歌,跳起舞。

有的老乡收工很长时间了,还久久地躺在新完成的便桥上,舍不得走。上游大队的吾斯曼,清早去掏坎儿井的时候还走的旧路,傍晚收工,大路已经畅通,他快活地沿着新路大步向前走啊,走啊,一直走过了自己的家门,一直走出去很远很远……回家以后,他兴奋地编了好几首诗。

是的,这不是普通的路,它的修建,是战胜各种困难和阻碍的硕果,是人民公社不断发展和壮大的一个家庭象征,是新的生产建设高潮到来的先声,各族人民,正昂首阔步,行进在自己缔造的新道路上。

在阿尤布老人家里

许多次,吐鲁番的人们不无遗憾地对我们说:"你们来的有点不是时候,花没有开,瓜没有熟,葡萄还没有结果啊!"

我们呢,感谢他们的关切,但也觉得,人们待客的热情和田园生产的繁忙景象，比什么都甜，比什么都好看。

从公社到五星大队，我们在砂石均匀的弧形路面上行走，只觉得足下生风，春光正好。透过春灌后田野上的氤氲，可以看见马拉播种机在播春麦，撒播改成条播，今年将大幅度地增产。是谁咯咯地敲响了小鼓？啊，冬眠的青蛙苏醒了，在展阔改直了的渠道里，它们可嬉游得更舒畅些？赶大车的把式为什么这样高高扬鞭，威风凛凛？啊，自古以来的铁钉高轮换下了，替代它的是上海造的胶皮轱辘。新路嘛，就要有新的速度！还有更快的呢，一辆辆卡车驶过，拉的是化肥和树苗子……

靠近书声琅琅的学校，住着五星大队的贫下中农委员会主任阿尤布老人。在那儿，我们度过了难忘的一下午。

老人七十八岁了，满脸满手细密如网的皱纹里，不知刻印着往年的多少辛酸；微驼的脊背上，曾经承担过旧日的无限凄苦。公社展览馆里我们看到过他的家史，他为地主扛了五十七年活，妻子被地主折磨死了，十个孩子，有九个在饥馑和病殃中死去。

现在呢，他住在过去属于地主的房子里，宽阔的前廊，石阶下流着清澈的渠水，母鸡勤快地啄食，白羊舒适地嚼草，满院的桑杏，即将抽芽了……

虽然我们是头一次见面，老人却像见到了久别的老朋友一样，用颤抖的双手紧紧握住我们的手不放。他激动地告诉我们，肉孜节那天，县委李书记和其他领导同志前来看望他，碰巧他去马号照料牲畜，没能见着，于是他带上干粮，步行到县里给县委领导人回拜。李书记要派车子送他，他却执意走了回来。

他说，穿惯了的牛皮窝子晒不得，旧日的苦难忘不得。过去当地主少爷把玩够了的、沾满屎尿鼻涕的残羹剩馍抛给他当饭吃的时候，他不止一次地问"胡大"，究竟哪一天，才会出现一个公道的世界啊？

就是今天，就是现在！老人的整个心怀，向着新社会。去年，他出席了自治区团代会，给全体代表忆旧社会的苦，思社会主义的甜。他也常去学校给孩子们讲话，他告诉下一代，他现在每天作三次"乃马孜"，一愿孩子们好好学习，二愿他们长大了当解放军保卫祖国，三愿他们事事听毛主席的话，永远听毛主席的话。

老人用关内常见的铜嘴烟袋锅吸着莫合烟，熟练地交替使用着维汉两种语言。说到地富等阶级敌人怎样仇恨他，他骄傲地笑了。他说，小树容易被风拔起，那是因为根子浅；共产党和毛主席，是把根子扎在无数贫苦的劳动人民当中的，这样的大树，怕什么妖风邪雨？而他，跟着共产党和毛主席走，还有什么可怕的呢？他说起他去乌鲁木齐的印象，说他眼下最大的心愿是去北京看看毛主席老人家，当说到"毛主席"三个字的时候，泪水在他眼眶里闪烁。他还说到他怎样保持艰苦朴素储蓄了两千多块钱，又在社员有困难的时候全部借给了二十四户人家。他又说到这个冬春他们全家老小怎样为集体积肥，还说……

在他的胸膛里，装满了说不完的话。虽然他没有忘记吩咐儿媳阶前取水，煮茶待客，却一刻也没有停止他的倾诉。这是一般的应客言语么？不。经历了大半个世纪的凌辱，受尽人间凄苦的老人，在他的晚年却过起幸福温暖的生活，眼前展示了无限美好的前景，他那如火如潮的万端感慨，是几天几夜也诉不完、吐不尽的啊！

最使老人眉飞色舞的话题，还是去年参观石河子的印象。"兵团的农场好得很，路宽宽的，林带直直的，房屋齐齐的……"老人从炕上站起，作着手势，流露出无限向往。接着他便问我们："新修的路看了没有？桥看了没有？植树沟看了没有？"他高兴地说："咱们公社，也要建设成那个样子！"

他三次、四次、五次地用维语汉语告诉我们："现在，我是一岁，全国劳动人民都是一岁。"这话初听有些费解，继而我们明白了他的意思，旧时代的梦魇一样的日子永远埋葬了，劳动人民的世界，不是刚刚开始么，劳动人民的春天，不是刚刚开始？

送我们出村的时候，老人以矫捷的步伐去村口医院看望他收养的一个残废孤儿。他就是这样全身心地浸透了对公社、对阶级兄弟的爱和责任心。这个个子不高的、微驼的老汉，正是顶天立地新世界的主人啊！

赞 规 划 队

吐鲁番的各族人民，在党的领导下创造着最美的春色，这里，也包含着汉族技术干部的劳绩。

在吐鲁番，我们三次去访问规划队。接受了教训，一次比一次去得晚，结果每一次都还有人忙碌在田间没有回来。茶水在火炉上沸滚，会计姑娘一再地温热她亲手做的鱼羹。技术员陆续回来了，满身尘土，满脸笑意。他们摸着黑，走了十几公里。这时边吃饭边谈着一天的劳动，有的叙述维族老农对自己是多么热情，款待以最好的甜瓜蜂蜜；有的形容社员的惊人干劲："我们在前边放线，回头一看，不得了，生产队抢着砍土镘攻上来了，施工的催着放线的，放线的催着制图的，可真叫热乎！"于是，大家都笑了，对于一个技术人员来说，有什么比这更幸福？

也有的刚端起碗，维族同志来访了，于是放下筷子去迎接。有的默默不话，嘴里嚼着馍，眼睛却眨也不眨地盯着技术资料。有的念念有词学维语，吃一口，背一遍："塔马科耶"（维语吃饭），就这样，紧张而活泼，直到深夜。

我和他们是在田头上相遇的，最初还以为他们是哪儿来的电工呢：黝黑的皮肤，粗壮的身躯，褪色的短外衣与沾满泥巴的靴子。他们手拿着水平仪、标杆，怀里夹着大卷图纸——条田的设计。按图纸整田地，多科学！规划队蓝图的实现，将是农业面貌的怎样的飞跃！我们的规划队员严肃专注地对照图纸，测高测距，耐心和悦地与公社干部、社员商谈问题，而他们之间呢，却时时迸发着激烈的争论：土地利用怎样才更经济，林带布局怎样才更合理，灌溉效益怎样才更能充分发挥。一切的一切，总是千斟万酌，不许有毫厘的差失。对国家，对公社，对民族兄弟负责，便是他们的最高的法律。

他们来自天南海北，江苏、浙江、河北以至黑龙江，谁也不把自己的小家放在心上。当问起他们的家事的时候，他们自豪地说："哪儿农业还没有实现现代化，哪儿就是我们的家。"

就是。当一个地方建设得初具规模的时候，他们就该背起行装，转移阵地，开展又一次新的进军了。

在农业技术推广站，水利局和水利工地上，在林业站……到处都有同样的年轻的技术干部。他们的工作体现着党的关怀和汉族人民对于兄弟民族的深情厚意，他们是农业建设的尖兵。允许我记下这蹩脚的诗，作为对他们的敬意和赞美吧：

> 塞外风去塞外砂，
> 男儿报国走天涯；
> 匠心巧运千村美，
> 慧手勤植万树花。
> 浸浸征尘欺袂履，
> 扬扬神采焕眉颊。
> 留得春在山河笑，
> 田野勤劳处处家。

塔尔郎沟战正酣

今年，五星公社以至吐鲁番全县，最大的农业工程要算塔尔郎沟大渠的兴建了。如果说吐鲁番弥漫着春意，那儿便是春天里的春天。

我乘供销社送货的便车到塔尔郎沟去。从县城到塔尔郎，要穿过五十公里的戈壁。五十公里，在新疆是个渺小得使人发笑的数字，但是，坐在高高的货堆上，迎着疾风，这灰蒙蒙的戈壁缓缓起伏，似海连天，仍给我这个初进新疆的人强烈的印象。面对着这开阔而沉默的荒野，我忆起了儿时所读的童话，我多么渴望有那么一个英雄，给它以神勇的一击，于是，魔法消除，这黄沙顽石都苏醒了，复活了，原来，这里正是人间的乐土。

英雄何在？公社！神勇的一击是什么？水！

正是水。在吐鲁番，水等于一切。这里，有全疆最长的无霜期，有全国最足的日照，有取之不尽的硝肥，有开垦不完的耕地，但是因为缺水，现在有的公社只种着三分之一的已垦熟地。这里终年无雪雨，农事，畜牧，人的生活，全靠坎儿井和渠道，连合围的大树，忘了浇水都会死去。有多少水，便可以种多少地，栽多少瓜果树木，养多少牛羊，出现多少繁荣。

天山上的雪水多得很！多少代了，人们梦想着把雪水引到田里。塔尔郎渠的兴建，正是这一共同愿望的实现。渠的设计流量是十二秒立方米，超过目前全县坎儿井流量的总和（自然它不像坎儿井那样四季常流，流量稳定）。可以扩耕土地五万亩，占目前全县耕种面积六分之一弱。昔日的豪杰能把东风"借"来，今天的英雄就要把高山的雪水"借"下。

有困难：修这样一条渠，要使旧河改道，要炸掉戈壁陡坎，还要穿涵洞过铁道，驾渡桥越公路。经过几年的酝酿与准备，从去年十一月，以五星公社为主，联合葡萄、红旗二社，来到这里，开始了艰巨的战斗。

国家调运了洋灰、木料、卡车支援他们。铁道部门更是发挥了工农联盟与民族团结的精神，把养路工区的住房大半让给他们，宁使自己的办公室也住上家属，或者两家家属并在一间屋里。工地的工程和生活用水，也全靠倒班的火车司机牺牲休息时间挂单机运送。但是，修这三十多公里长、全部卵石砌浆的大渠，主要是靠公社自己的财力劳力，靠社员的冲天干劲。还在县里，已经听到风传的塔尔郎民工的事迹，许多人起五更、睡半夜，假日也不休息，在那儿超过定额两倍完成任务已成为平平常常的事情……

我多么希望看一看这夺水的大战。汽车转了几个弯，开始爬一个个的陡坡。咻咻的汽车哮喘声中，首先看到的是平地升起的一道道炊烟，地窝子里正在烧饭。戈壁滩上的炊烟，让人觉得多么亲切温暖。轻烟中，出现了来往运输的大车、毛驴和古老而又年轻的驼骆。轰地一响，一次爆破，砂烟中我看到迤逦的"散兵线"，两千多人，排成一字长蛇阵，运土砌石……

如果说江南水乡的插秧引起牧歌般的情趣，如果说激流运木的场面万般惊险紧张，那么戈壁滩上的水利工程就给我一种庄严、崇高的感染……

但是，请你再走近一点，请你与民工们拉拉话，请你和他一齐干点活，你就会发现，苦干绝不意味着愁眉苦脸。在这里响彻着平凡而又喜乐的调子。那些分组接力赛似地铲土的小伙子，每一锹都铲得那样满，扔得那样远，兴致勃勃，活像天真的竞技。那个维吾尔青年就更绝：戴着喀什花帽，一个人捡着头大的石块，掷铅球似地砸向已经裂了缝的砂石陡坎，果然，不一会儿，在石块的冲击下，大片砂石坍塌下来。还有砌渠底的活儿，绣花般的细致：每一块块石头都必须和其余六块交错，这样才结实，拽不出来，而渠底必须砌成 77°22′ 圆心角的弧，错一点技术员就让你返工。背石头的人弓腰弯背，承担着一二百斤的重量，却唱起了动人的劳动号子。

什么劳动号子？"哎唷杭，哎唷杭……"还有苏北的方言小曲。我正在惊奇，他们走过来主动打招呼了，他们是江苏省的支边青年，和维、回兄弟共同劳动在戈壁滩上。他们中间的姚仁元小队，创造了每人每天挖土八立方米的高纪录，超过定额四倍，带动了全体。

工地上的生活条件是艰苦的，睡在狭窄低矮的地窝子里，由于运输不便，中午只吃点干馕和开水。但领导上仍是尽全力改善生活：一位塔塔尔族的女医女巡回诊病；县联社与各公社都在这里设立了门市部，小小的帐篷里出售着纸烟、肥皂、葡萄干、糖果……。铁道部门来了理发师。晚上，各大队的伙房拉面条、炸油饼……

人们的心情更是舒展。我参加了五星大队的一个晚会：热烘烘的屋子里挤满了人，两个瓶子装上煤油，点上棉捻，高挂在屋顶。莫合烟发出了辣乎乎的香味。人们席地围成圆圈，在听一个叫作阿卜杜拉的青年演奏"弹拨儿"，一曲终了，大家鼓着掌高声呐喊，我只听得出："汉族，汉族"，啊，大家要求听一个汉族歌调，于是阿卜杜拉放下弹拨，拿起小提琴，用很标准的姿势拉起了电影上甘岭的主题歌："我的祖国"。

而后大家纷纷起立，唱着，跳起了健壮的男子舞蹈。虽然衣服上尘土还没抖落，汗水还没揩干，但是跳得都那么自如，那么有韵味，那么酣畅。

工地生活的光彩和欢乐，是一切小家室的微温的恬恬所不能比拟的。有二十多对年轻的夫妻坚决要求共同修渠，把娃娃也带来了。白天，孩子们在戈壁滩上游戏，他们去背石抬砂；晚上，他们带着孩子载歌载舞，欢庆一天的工程的进展，没有比这样的家庭更充实和美满的了。

全部工程要 1965 年才结束，现在，他们正抢在春耕大忙与洪水到来之前完成渠首与防洪堤工程。县委的计划是，今年就先引部分水到公社的田地果园里，到村庄里。这样既有长远的目标，又是当年见成绩。人们热切地盼望着迎接天山的雪水。青年雅可夫·吾守尔写了一首诗，可惜，原稿不在了，据其大意，编写如下：

塔尔郎沟的水渠啊，

你是打开幸福的钥匙，

不等把你修好，

我绝不离开工地。

等着乡亲的愿望实现了，

天山的雪水引下了，

给我一块小木板吧，

我的心爱的木筏子，

我要乘坐着你，

让渠水把我送回家里。

入夜，我披着老羊皮大衣，躺在帆布床上，长久不能入睡，只觉得周身热血沸腾。直到天将破晓，送水的火车来了，传来了急促的机车的喘气声，摩擦声，同时响起了高入云霄的汽笛……

我们在吐鲁番只呆了短短的十几天。短短的十几天，就使人耳目豁朗，意志奋发，精神抖擞，好比经受了一次春天的洗礼。各族人民在党的领导下，用勤劳的双手所缔造的春光是无限的。我们看到的只是一小部分。不是么，与塔尔郎水渠堪称姐妹的，艾丁湖公社的大草湖渠道工程，也正在胜利进行。葡萄沟水电站，第二期工程即将开始。在火焰山公社，有七百多名社员吃在地里，住在地里，分秒必争地适时种麦。他们公社的春风大队新扩建的五百亩葡萄园，也已经动工……

人们喜爱把燕子当作春天的象征。吐鲁番有没有燕子,我可不知道。但是,我从来没有见过像吐鲁番这儿这样多的小鸟。在县人民委员会的院子里,有六株杨树。临别那天我去县人委,只见每一株杨树的每根枝梢上,都站着一只鸟,还有些找不到栖止地方的鸟儿来回飞着。几百只鸟迎着和风,沐着阳光歌唱春天,那就不仅轻巧明丽,而且很有些奔腾喧闹的气势了。我久久地欣赏着这群鸟鸣春的情景,思索着十多天来吐鲁番的印象。如果说,一只燕子就可以预告春天的到来,那么,今天的吐鲁番,报春的便是百只、千只、无数只鸟儿。春天在哪里?在五星照耀的"社会主义大道"上,在塔尔郎战役的硝烟里,在规划队的蓝图里,在阿尤布老人的新的"乃马孜"里,在戈壁滩上的江南劳动号子里,在每一个抢着砍土镘、骑着毛驴儿、田头上、地窝子里的维、回汉族社员的眼睛里、微笑里和心窝里。这是什么样的春天啊!人人关切着,期待着和创造着的新的生产建设的高潮,到来了!

民丰小记

王蒙

如果你打开地图，也许得费点劲才找到标着"民丰"的这个小圈圈。从乌鲁木齐到民丰，要穿天山，绕沙漠，沿昆仑走上五千里路，坐班车净走十一天；而从乌鲁木齐到北京，还有八千里路的"云"和"月"。也许你还会注意到，民丰这个小圈，正位于塔克拉玛干沙漠的紧边缘，甚至于，有些地图干脆把这个小圈圈画在标示沙漠的密麻麻的黑点子里。

　　就是这么个小而无名的地方。民丰全县只有一万三千多人，三个公社；而三个公社又被茫茫的沙丘分割，距离以百公里计。

　　我有幸在民丰稍事停留。现在，离开她已经近一个月了。然而，总是想念她。有关她的诸种印象，萦回在我的脑里、心里、梦里。一想起这个遥远的小县，便感到说不出的温暖，而且有那么一种力量，向人冲激，使人振奋，促人深思。

　　……汽车以每小时六十公里的高速行进，狂风挟着沙尘昏黄蔽日，呜呜怪叫，车轮卷起石块，敲得车底的钢板砰砰地响。嘎地一声，车停了，原来是山洪冲断了公路；人们脱鞋挽裤，下水找路。车子终于怒吼着震荡着越水而过，水花顺着窗玻璃淌流。刚走不远，却又碰到倨傲地蹲在那里的，被一阵风送来的流沙堆。就在这儿貌似险恶的途中，时而看见一个个维族的养路工人，他们戴着鲜艳的小花帽，牵着高高昂首的骆驼，拉着括板驱沙平路。他们脸上的自然而憨厚的笑容，使人们刚才无意中皱起的眉头顿时舒展了。

车到县城了。（其实，此县既无镇更无城，这里只是尼雅公社的一个巴札，县级机关设在这里。）一下车，头一个感觉是："怎么？这里是民丰吗？"宽宽的又直又平的街道，两行新植的白杨，为了防止牲畜伤害，树干上一色包扎着芦苇，树叶在和风中愉快地喧哗。树后面是崭新齐整的房屋，"民丰县新华书店""民丰县百货门市部""民丰县电影院""民丰县汉族食堂""民族食堂"，每一块白漆招牌上都用维汉两种文字分明地写着"民丰县"。民丰人更是热情而多礼，银须及胸的老汉捋胡须向我们俯身致意；少先队员停住脚步高高地举起右手来；骑着自行车的小伙子见到客人，立时下了车，推着走过去，以示礼貌。连穿着彩色连衣裙灯笼裤，披着大白纱巾，骑着毛驴的妇女，也持缰鼓掌表示欢迎，还有骑着马的、唱着歌的、卖酸奶子的、在脚手架上运土坯的……人人都那么健康、开朗，把那么多亲切友爱的目光投向我们。

这儿就是民丰么？夜晚，当我闭了电灯，躺在县委的宿舍里的时候，又一次问自己。戈壁的荒凉哪里去了？风沙的暴虐哪里去了？落后、偏僻、闭塞都哪里去了？

　　第二天，我们去参观幸福渠。车子穿过尼雅公社和鲁卡雅公社。遍地是绿得发黑的小麦，安详丰满的桑树（民丰田里的桑树，是我在南疆看到的最多的）和清澈可人的毛渠。县委同志说，民丰虽小，生产却很多样，去年收获了800来万斤粮食，今年又把牲畜发展到17万多头。人们还造林，养蚕，捕鱼。民丰拥有两万亩地的梧桐林，今春又植树两万株，育苗五十亩。民丰的鱼湖，也是驰名的，产鱼大而无鳞，我们已在昨晚领略了它的美味。

　　说着说着，车子已经离开了美丽的绿洲，开进了缓缓起伏，一望无际的戈壁滩。幸福渠，就修在杳无人迹的戈壁滩里。

　　幸福渠离县城十五公里。底宽达六米，长达十余公里的干砌卵石渠道，活像一条苍劲的巨龙，稳稳地卧在戈壁滩上。它将把调皮的尼雅河的流水驯服，让它乖乖地为社会主义服务。民丰和南疆各地一样，终年基本上没有雪雨，她的存在，全依伏尼雅河。尼雅河又和新疆的许多河流一样，根本没有什么河道。每午，昆仑山的雪水融化下来，便随着兴之所至，势之所导四下流窜，形成许多大小河流，尼雅河便是其中之一。尼雅河，是最不争气的一条河，一年只有五个月有水，水量忽小忽大，小了不够用，大了把渠道冲个稀巴烂。以往，区区民丰只有些土渠，做梦也不敢想修什么卵石大渠。公社化以后，人们心气高了，力量大了，经过长久的勘察设计，多方准备，终于从去年5月打响了修建幸福渠的战役。开始只有一百人在这里堆石挖土，秋收以后，全县三千多劳动力中来了一千多人修渠。人们睡在地窝子里，吃着骆驼刺、苁苁草烧火烤的干馕，喝着毛驴从村里两桶两桶驮来的宝贵的水，奋战了一冬春。今年春天，水渠工程虽然并未完工，却已初步被利用。往年5月底才能见水，今年3月18日水就到了地里。往年从河道到田头水要爬三个多钟头，今年45分钟就行了。往年这个时候，麦子头遍水还浇不完，今年已普遍浇了两遍。大秋作物的播种，也比往年大大加快，还多种了六千亩地。等到幸福渠完工了，那更不用说，增加三个月有水，成倍地增加流量，除了作物播种会更及时，田间管理会更充分，还可以开垦一万五千亩荒地。

我们怀着自豪的心情，参观了今年五一节落成的分水闸。这是"大洋"闸口，混凝土钢筋结构，洋灰墩上朱红的油漆漆着各种鼓舞人心的标语。社会主义建设的光辉，就这样地照亮了这边远的小县，就这样地唤醒了浩浩茫茫的戈壁滩。

也许，在全疆各地今年兴建的总数以万计的渠道中，这只是很小的一条。在吐鲁番，修建的大渠长60公里；在策勒，更在修一条长达150公里的大渠。其实，那是名符其实的人造河。但是，民丰的幸福渠给我的印象最深，真是难能可贵，这个空前的工程表现着民丰人的跃进的步伐和革命的气魄，它将彻底改变民丰的面貌。

民丰人做了许多工作，修渠、造林、扩种棉花、精管小麦、建立绵羊人工受精站以至于翻盖俱乐部、给电影队配备骆驼以加强远地的巡回放映……民丰有各色各样的风光，有绿水环绕的桑田，有风吹见羊的草场，还有昆仑山里的牧场——从那牧场到县里来，要走四天呢。凡此不表，这里，单记一记民丰的孩子们。

那天中午，有一群孩子在县委会的门口玩耍，男、女、维、汉都有。他们穿得很新，也很漂亮，质料多是丝绸、哗叽之类。

我问："你们平常老是穿这样的衣服么？"一个孩子误会了我的意思，回答说："不，我们冬天穿棉衣，还有羊皮大衣。"我笑了，我想到，这几年新疆生产发展得很快，各族人民生活水平有很大提高，同时我也知道，维族人民没有置办家具的习惯，却普遍穿得好一些。我们继续谈话，这里的孩子有一个可喜的特点，就是差不多人人兼通维、汉两种语言。一个县委汉族领导同志的小女儿告诉我："我从小在维族托儿所，直到快上小学了才回家学的汉语。"他们亲亲热热在一起玩丢手绢、跳房子，说说笑笑，交换使用着两种语言，显示了下一代的民族团结。他们的玩法与关内地区没有什么不同，只是跳房子抛砖的时候，要弯曲着右手从头后面抛下，而左手轻轻一扬，增添了几分舞蹈姿势的俏美。我问讯他们的生活，他们七嘴八舌地大声说着，怕我不懂，还互相翻译着以及自我翻译着话语。他们的学校有汉族班也有维族班，有小学也有初中。六一节刚刚过去，全校举行了体操比赛和文艺表演，说着，有的就比划起练操的架势来。他们常看电影，最爱看《英雄小八路》和《阿娜尔罕》。于是，两个孩子对唱起《阿娜尔罕》中的插曲。有一个男孩子和我不多说话，却不住地一个人倒立、翻跟斗、后弯腰，似在吸引我的注意。果然我注视起他来，旁的孩子解释说，一个月以前，自治区杂技团来这里表演，这之后学校中就掀起了一个纷纷翻跟头、耍盘子的高潮。话说明白了，那男孩子也不练了，大家笑了起来。他们的笑声是那样爽朗、奔放，直令人觉得，在他们的心灵里，新生活的幸福饱满得都溢出来了。

哦，穆罕默德·阿麦德

王蒙

小说题目愈来愈长，加感叹词和标点符号，以至把标题变成"主谓宾定状"俱全的完整的句子，大约也是一种新潮流吧？于是我想来它个以毒攻毒，将此篇命名为：《哦，我的远在边疆的亲爱的可怜的维吾尔族兄弟穆罕默德·阿麦德哟，让我写一写你!》后一想，如此创新，殊非正路，乃罢。

似乎自从日本电影《啊，海军》（还有《啊，野麦岭》）在我国放映以来，"啊""哦"式标题就多起来了——来自东洋？电影《啊，摇蓝》，小说《哦，香雪》，《哦，十五岁的哈丽黛哟》，《哦，我歪歪的小杨树》……流韵所及；当我这次来上海给《小说界》改中篇的时候，有人建议我把中篇命名为《哦，我的爱》，您受得了么？

我看不惯"啊""哦"，想不到在这个短篇上竟向"啊""哦"投降了。这只能说是穆罕默德·阿麦德的力量。新疆惯例译作"买买提·艾买提"，同样的名字如果来自埃及、叙利亚或苏丹，就是穆罕默德·阿麦德，似乎雅气了些也庄重了些。

我几经推敲，决定从后一种译法，倒并非想冒充阿拉伯故事或炫耀博学以招揽读者，而是不如此译，便不能表达我对 *Сталинград* 的郑重敬意。

1965 年 4 月，我到达新疆伊犁哈萨克自治州伊宁县的毛拉圩孜公社劳动锻炼，分配到二大队第五生产队。先是在队部附近干活，一个月以后，第一次去离住地四公里以外的伊犁河沿小庄子附近锄玉米。8 点来钟出发，走到庄子，都快 9 点了，只见几个社员还坐在渠埂上说闲话，抽莫合烟。我由于诚惶诚恐，劳动上不敢怠慢，便问了一句："还没上工么？"问完了才意识到，这里在场的是百分之百的维吾尔人，我的汉话没有人听得懂，问也白问。

但是马上从人群里站起一位机伶的小伙子，他身材适中，留着大分头，头发卷曲，眉浓日秀，目光流动活泼、忽暗忽亮，胡须茬子虽密却刮得很干净，上身穿一件翻领青年服，下身一件黄条绒的俄式短腰宽脚裤，神态俊雅，只是肤色似乎比这儿的一般社员还要黑一些。他用流利但仍然带有一种怪味儿的汉语对我说，"同志，你好。你是新来的社教干部吧？我们正在学习讨论《纪念白求恩》呢，来，坐下吧。"

我解释说，我不是社教干部，而是来劳动锻炼、改变思想的。他睁大眼睛，把我从头到脚从脚到头来回打量了几遍，突然一转头，哈哈大笑起来。

他笑的样子非常粗俗丑陋，与刚才问"你好"的文明样子颇不相称。我知道，在新疆，即使懂汉语的乡下人，见面问候时也是用"好着呢吗？"而不会说"你好"的。会问"你好"

那是见过相当场面的标志。

笑完了，他指一指渠埂，用命令的口气对我说，"坐下，休息"。然后，他与同伴们继续说笑，他说话非常快，一套一套，表情也很夸张，好像在模仿着什么人。但是在这样的说笑中，他也时时照顾着我的存在，一会儿用简单的话语向我介绍他们谈话的内容，原来他们并没有学习毛主席著作；一会儿又问问我姓名、年龄、籍贯、婚姻状况、家庭成员、简历，干部登记表第一面和第四面上的几项，他都问到了，我很佩服他的一心二用的本领。

这时又来了几个穿得花花绿绿的女社员，坐在对面的一条渠埂上，不是正对男社员而是拉开大约十几米的距离，以示男女有别。他噌地站了起来，跑到女社员那边去，马上，那边传来了活跃的说笑声。

太阳烤得我已经满头是汗了，我已经怀疑这一天还干不干活了，一位留着圆圆的白胡子的组长才下令下地。干活的时候伶俐的小伙子主动和我结伴，不停地和我扯着闲话，不断地嘱咐我"忙啥，慢慢的，慢慢的。"对于我提出的有关劳动工艺上的问题他一概置之不理，同时热情地向我嘘寒问暖，向我介绍在这里生活应该注意的事项。他说："我叫穆罕默德·阿麦德，以后有什么事情，找我好了。"

直到快收工的时候，我才直起腰四处看了看，我发现，穆罕默德·阿麦德干的活比我还少。我是一个人锄四垄地，他一个人只锄两垄，但前进的速度一样。他锄漏的生地、野草，也

绝不比我少，再一看，我确实吓了一跳。原来他拿着的是一柄
那么小的砍土镘，别说是男人，就是未成年的女孩儿用的砍土
镘，一般也比他的大。

他一边"干活"，一边说一边笑，肆无忌惮，最后还唱起
歌来了，有滋有味，有腔有板，他的嗓子可真不错。

后来不知谁笑着说了一句什么话，他突然生起气来，立在
那里，噘着嘴像个孩子，不声不响也不干活。过了足足两分钟
他对我说："这人是不好人，这人人不是。"他停了一下，调整
了盛怒中弄乱了的语法，告诉我说，"这些人不是人"。

午饭时候，他不由分说把我拉进他家里去。本来庄子里的
住房水平低于队部附近的住房，他住的那个歪歪扭扭的用烂树
条编在一起抹上泥就算墙的烂房，更可以说是倒数第一。他的
父母都已老迈，两个妹妹年龄很小，这四个人穿得都是破衣烂
裳，只有他一个人穿得囫囵、整洁，还颇有式样。泥房外面是
烂柴草搭的一个凉棚，凉棚下面砌起一个土台，土台上铺着一
块布满烂洞、裂纹和粘成一绺绺的羊毛破毡子，毡子上放着一
个四角包上了铁皮仍然松松垮垮的炕桌，土台边连着锅灶，老
太太正把一大把一大把发了霉的麦秸填到灶里，烟大火小，烧
开那一大铁锅水显然是很难的。

我遵照礼仪向坐在室外土台上的二位老人问好。穆罕
默德·阿麦德的父亲向我还礼和问候的时候，胸腔里发出一种
奇怪的沙沙声，而且结结巴巴，口齿不清。他母亲正在害眼，
红红的两只眼睛眼泪花花的。穆罕默德·阿麦德却不耐烦地催

我进屋，屋里摆设稍好一点，有半新的花毡，有条案，条案上有挑花桌布与大小瓷碗，还有一排维文旧文字的精装厚书，这是不多见的。墙角有镶着黄色条饰的木箱，墙上还有一张不大的镜框，奇怪的是镜框里摆放的全部是穆罕默德·阿麦德一个人的照片，有穿俄式多扣学生装的，很天真可爱，还有一张穿西服的，拙劣地涂上了颜色，照得却走了形。墙上除挂着面箩、和面的木盆、两把未编完的糜秸扫把以外，还有一个大肚的庞然大物——那是一种乐器，叫作都塔尔，我在来伊犁以前已经去过吐鲁番和南疆，我是见识过的。

屋里空气潮湿憋闷，我其实宁愿出去到土台上坐，但是他正在认真地张罗着。先是在我面前铺上了饭单，然后打开黄条木箱，拿出两个小碟，一个碟里放上方块糖和葡萄干，一个碟里放着小馕与小饼干。然后，他从室外拿来一个搪瓷高桩茶壶，从案上取下两个小碗，给我和他自己各倒了一碗茶："请，请，请……"他平摊着向我伸手，极为彬彬有礼。从茶色的淡薄上，我又一次体会到这一家经济上的拮据。

茶虽淡，方块糖、葡萄干种种看来也是历史悠久，但他的招待却是一丝不苟，我也就非常感激地端起茶来啜饮。饮着饮着忽然想起他的父母，维吾尔人是最讲敬老的，岂有把老人丢在室外之理，我眼睛看着门口要说话，他已明白，皱着眉对我说："他们不喝茶，喝开水。"稍待，他又解释说："在南疆，没有几户人家喝得起茶。"

喝了几口，这道程序结束，他拿起一个小碗出去了，一去好大一会儿也不回来，使我坐也不是走也不是。最后他拿着空碗气冲冲地进来了，他生气地说："你是北京来的客人，可我要不来一碗奶皮子。这儿的人，太不好了。在我们南疆，一家做好吃的，一定把周围所有的人叫来。"

没有奶皮子，做不成奶茶，但还是一起喝了咸茶，并且吃的是白面馕。我本来中午是带了馕的，但那是包谷馕。在春天青黄不接的季节，中午是难得有白面馕吃的，看来，他已经全力对我进行规格最高的款待了。

从此，我结识了这位懂汉语的、殷勤亲切又有点神啦巴唧的年轻人。我那时初到维吾尔农村定居，言语不通，心情沉郁，穆罕默德·阿麦德的存在，使我感到了友谊的温暖。每逢到伊犁河边干活的时候，我就带上馕，到他家喝热茶，就是喝碗开水，也是暖的。我得知，他们全家是五年前从喀什噶尔老城（今疏附县）步行半个月，从新源那边翻天山来到伊犁地区落户。由于他天资聪颖又好学，三年前考上了乌鲁木齐气象学校（他告诉我是"空气学校"，当时我正抱着维语课本学维语，知道"哈娃"这个词既可作天空、空气也可作气象解，替他纠正成气象学校），但这个学校的食堂整天吃吐鲁番产的白高粱面，他吃不惯，加以家里老的老、小的小、病的病，离了他日子没法过，他便退学回来了，回来后心情抑郁，整天胡打混闹。我也把我的大概情况介绍给他，他立即表示："我听了心疼得很"。他的"很"字拉得很大，而且中间拐两个弯。后来他见我穿着带补丁的衣服，就要说一次心疼；看我吃一次干包谷馕，也要说一次心疼。有一次队里出义务工，到公社西面三公里远去修湟渠，中午回不来，周围又没有人家，只好就着西北风和泥沙吃硬馕。他又"心疼"起来，还掉了眼泪。我问："你们不也都是这样吃的吗？"他说："我们惯了，你可是北京来的呀。"

他正式请了我一次客，是伊犁人最爱吃的"大半斤"——抻条面。他自己和面，做剂儿，抻面。他做抻面（当地叫"拉面"）的方法与伊犁的旁人不同，伊犁人是先把面剂儿做成一小段一小段的，然后一一拉细，像毛线缕一样地悬挂在桌角边，然后一锅一锅地煮。他呢，跪在毡子上，做了一个大面剂儿，裹上油，像盘香一样地盘成一座小山，等到锅开了，他飞快地拉起来，愈拉愈多，愈拉愈长，中间不断，直到拉满一锅的时候，他才把面从中间断开，他说："这是喀什噶尔做拉面的方法。"说起喀什噶尔，他满脸的依恋之情，不但面是他做的，菜卤也是他做。"你的妈妈呢？"我问。"她做不好！"他粗暴地回答。面煮好以后，他倒是很仁义，不但给父母、妹妹盛好送到手上，而且确实如他所说过的，他推开房门，谁从这儿过他就叫谁来吃。最后，他自己只剩了小半碗。这时来了一只邻居的黑白花小猫，向他喵喵地叫，他以惊人的慷慨从他的碗里用手捏出一半面条来，喂了猫。剩下的几根面条，他也不用筷子，就用手指捏着吃了。都拾掇完了以后，他自己又吃一个包谷馕。

利用饭后的融洽气氛，我向他进了一言：能不能换个稍微大一点的砍土镘，干活时稍稍多卖点力气。他立刻板起了脸，恶狠狠地对我说："我不爱劳动嘛！我不是国家干部嘛！我不是知识分子嘛！"。

"那你爱什么呢？"我没气，却笑着问。

"我爱玩，我爱看电影，我爱唱歌跳舞，我爱看书。"

"什么书？"

"爱情小说。我最喜欢爱情啦。我喜欢美，漂亮，我喜欢女孩子。"说着说着他转怒为喜，突然，他向我跪下，给我磕了一个头："王大人，请不要肚子胀。"在我莫名其妙的时候，他又粗俗丑陋地笑开了。

笑得突然，止得也突然。他突然停住了笑，问我："你会跳'坦萨'吗？"

"什么'坦萨'？"

他抬起两手，做出一个交际舞的姿势。

我不快地哼了一声。

"我最爱跳'坦萨'了。"他哼哼着歌噜地站了起来，一个人前后左右地迈着步子。我当时的心情与交际舞是格格不入的，连看也不看他，于是他改唱维吾尔歌曲和跳维吾尔舞。然后他气喘吁吁地从墙上摘下都塔尔，一通乱弹，然后把都塔尔乒地一扔，颓然叹道："每天都抢砍土镘，每天都抢砍土镘，手指头都粗了，还怎么弹都塔尔呢？"人是不错，可是思想太差劲，我当时想。同时我想起，根据我的一段观察，人们对穆罕默德·阿麦德普遍抱着一种取笑和轻视的态度。当穆罕默德·阿麦德大说大笑或者出洋相的时候，特别是年轻的男社员，便会互相挤挤眼睛，撇撇嘴，老头儿们也忍俊不禁，有的还摇摇头。最无保留地欢迎他和欣赏他的倒是女社员，特别是中年女社员。有一次队里开会，有一项议题是改选妇女队长。那天穆罕默德·阿麦德不在，一位有名的健壮而泼辣、刚刚和丈夫打了离婚的女人阿细罕喊道："我们选穆罕默德·阿麦德!"一句话全场就爆炸了，男女老幼，全都笑成了一团，我也笑了。

我又想起，有一天我从他家喝茶出来，大队的会计、一只眼睛的伊敏问我："是到穆罕默德·阿麦德家里去了吗?"当我点头以后，他却大摇其头，并且连连叹气，"哎、哎、哎、哎……"是一种不以为然的腔调。

这是怎么回事?

这次正式请吃"大半斤"，以欢快开始，以兴味索然而告终了，而且，在我告辞的时候，他把右腿别在左腿前，身子扭成了八道弯，上身晃动着，面红耳赤地说："老王哥，夏天要到了，我的三片瓦帽子再也戴不住了，队上又困难……你能不能借我十块钱?"

我把十块钱给了他，但心情更加不快了，他借钱的时机和场合使我对他的友谊的纯洁性产生了一点点怀疑。至于帽子，我完全懂，维吾尔人不论春夏秋冬、室内室外，是都必须戴帽子的。人前脱帽，是极为失礼的表现。而他的那顶三片瓦帽子，确实是不能再戴下去了。但用得了十块钱吗? 我怀疑。

勿谓言之不预，真是忠言逆耳！就在第二天，公社"四清"工作队队长等一批干部到庄子地里来参加劳动来了，他们立即发现了穆罕默德·阿麦德的超小砍土镘。中间休息时，他们集合了全体社员，然后拿起穆罕默德·阿麦德的砍土镘示众。维族副队长讲了一大套，我听不懂，但是口气严厉，这从其他社员屏息静气、鸦雀无声的状态中可以体会到。汉族队长拿起他的砍土镘来说了一句话："这是砍土镘吗，不，这是耳挖勺！"他的话立刻被工作队的翻译翻成了维语，又是一阵大笑。

穆罕默德·阿麦德面红耳赤，像发了疯一样地冲了过去。他口若悬河，与工作队干部辩论起来。他还解开自己的腰带撩开衣服让工作队干部看伤口。翻译给汉族队长翻译的时候我也听见了几句。他不服，第一他说他有病开过刀，维语表达的方法是"吃过刀子"（后来我得知是割过阑尾，本来是很普通的手术，但一般维吾尔人认为"吃过刀子"的人是活不长的，故这个论据有一定的说服力）。第二他说批评表扬不能光看表面现象，不能不调查研究。他的砍土镘固然小一点，但他去年一年上工三百四十五天，今年上半年出工一百七十天，属于全队前三名，为什么不表扬（后来我得知，他说的这些情况是有浮夸的，但因为他说得冲，就把那几个干部镇住了）？而同一个队里的××××、××××……（他一口气说了十几个名字，气之长可以与相声演员的"贯口"技巧相比）一贯不出工，为什么不提？为什么越是积极上工的好社员越是要听训，受批评，而从不上工的人却两耳清静、逍遥自在？再说，去年决算他结余七十多块，七十多块都被超支户用了，队上没钱给他开支，至今欠着他钱，工作队管不管？不是批评他的砍土馒小吗？拿钱来！他立刻买两把特大号的，一把自己用，一把送给工作队长……

他的顶撞使所有的人（包括我）捏着一把汗，因为那个年月不仅在农村，即使在城市顶撞领导也包含着巨大的危险，但显然他以凌厉的口舌在辩论中占了上风，工作队长们开始降低了自己的调子，倒是长着圆白胡须的作业组长非常照顾领导的面子，适时地站出来把他训斥了几句，宣布继续干活。

工作队干部有了台阶，离去了，大家一面干活一面议论纷纷。从人们的表情中可以看出，一部分人拍手称快，更多的人认为穆罕默德·阿麦德是干了蠢事。又干了一个多小时，太阳还老高，组长宣布收工，但一律不得回家，以免给人以本组收工太早的不良印象。大家聚在地边抽烟，意思是如果碰到上面有人来检查，就重新下地比划比划，如果没有，等暮色昏黄时再起立各奔各家。这次照例的呆坐，穆罕默德·阿麦德非常沉闷，连阿细罕和他说笑他也不理。后来阿细罕过来拉他，与他动手动脚，别人笑起来了，他仍然面色阴沉，不理人。阿细罕无法，回头看见了我，向我求援，哇哩哇啦，我知道她的意思是叫我劝劝他。我刚走过去，穆罕默德·阿麦德转头说了句："别理他们！"我说："社员们都等着你说笑呢！"他抬起头，对我说："你看我这是过的什么样的生活啊！"我看到，他满眼是泪。

在毛拉圩孜公社，每天我干两件事：劳动和学习维语维文。所有的维吾尔农民都是我的维语教师，包括他们刚会说话的孩子。一年以后，我已经掌握了大部分日常生活语汇。由于我找到了一本解放初期新疆省人民政府行政干校编印的《维语课本》，又从北京接到父亲寄来的一本《中国语文》杂志，该期杂志上刊有语言研究所朱志宁写的一篇介绍维吾尔语概况的文章，在这两本书的帮助下，我对维语语法也有了初步知识。因此到 1966 年春夏之间，我的维语知识已经足以用来交际了。

我渐渐知道，年轻人厌弃鄙薄穆罕默德·阿麦德，主要是因为他有股子男不男、女不女的劲儿，老年人则嫌他劳动不好。但大家一致认为他是个善良、重感情、聪明的人。这一年中间迁来两户汉族新社员，他们对穆罕默德·阿麦德尤其满意。因为除了上述优点以外，他还有一个明显的长处：注意维护维、汉团结，与汉族社员亲密无间，沟通了维、汉社员间的感情，确实做到了有利于团结的话才说，有利于团结的事才做；不利于团结的话、事不说，不做。干脆上个纲吧，他是绝无狭隘的地方民族主义的。

男不男女不女的事我也看出了一点端倪，比如他说话忸怩作态，惊叹词多而且拉长声：喂江，哇耶……他又特别爱打扮，留的分头自然卷曲，又长又密。他还说过："我的头发多好！"这也让我不喜欢。那年月，连女人都不兴打扮，何况男子呢！

他到底是怎么回事？有一次我问会计独眼伊敏："他是不

是'艾杰克孜'?"

"艾杰克孜"是我学会的新词之一,是指一种性变态,汉语叫作阴阳人或者二尾子的。

伊敏吓了一跳,连忙摆手:"这话可不能随便说,老王,这话在维语里是最难听的骂人的话了,比骂毛驴子、猪、乌龟头都更严重。"他沉了沉:"主要是他的脾气,脾气就这样。比如说我们民族的规矩,男人跳舞,上臂的动作都在肩的水平面以下。"他做了几个最常见舞蹈姿势,"女人跳舞胳臂才在肩以上挥动",他又做了几个女人舞蹈的动作,使我发笑。"可穆罕默德·阿麦德呢,偏偏他要这样跳舞。"他学起他的样儿来,是"女式"的。

果然,原来我不明确,只觉得穆罕默德·阿麦德舞跳得很好,差不多谁家结婚都要请他去跳,但他跳的时候围观的年轻人又坏笑,我也觉得好像有一点不对头,经伊敏一说,恍然大悟。

"再比如说,我们维吾尔男人没有做饭的,特别是没结婚的巴郎子(此处指小伙子),哪有这样拉面条的?"他又学起他拉面的样子来,"就连骂人,他用的也是些女人的话。打架吧,他撞头,而男人打架,可以用拳头,可以动刀子,就是不准撞头……"最后他总结说:"我们不喜欢他这个样子。"

伊敏的话并没有使我完全信服,例如拉面,为什么小伙子就不能做饭呢?根据我的观察,穆罕默德·阿麦德虽然家境困难,父亲有病,威信、地位极低,但是他有洁癖,类似拉面条、整理屋子这一类事，他不放心他妈妈去做，而家里又没有一个能干的、年龄相当的姐妹，所以他就把一部分细活接管了。至于粗活，还是由他母亲及小妹妹们干。但是他毕竟是有一点"事出有因，查无实据"的异于常人的地方，而他的这些"毛病"不可能不引起人们生理上的嫌恶。于是，我决定对他采取保持距离的方针，遇到他邀请我到他家里去，请十次，我去上一两次，而且去了以后就表示我很忙，不能多坐。他和我说这说那，我也是嗯嗯哼哼，爱理不理的。

但是他并不介意，始终对我很热情、礼貌、关心。他与我说话，从来不用粗鄙的字眼，而且神情谦和文明。有一次我生病，嗓子哑了，他给我送了五个鸡蛋，急切地向我论证吞生鸡蛋是治疗嗓子的验方。干活的时候，我只要稍嫌沉闷，他就过来搭腔。他好像时时注意着别人，对一切新来的人都负有责任，真像是生产队分工，由他担任礼宾司接待处干事似的。

我询问了大队代销店一名售货员，这位售货员原是民族学院毕业生，曾经当过疏附县小学教师，是1962年退职回老家——伊犁的。他在南疆时，是穆罕默德·阿麦德的班主任。他告诉我穆罕默德·阿麦德儿童时期活泼聪颖，功课好，自尊心强，爱激动，各方面发育正常，从十二三岁以后爱和女同学在一起，出现一点女里女气的现象，并不严重，谈不到有什么"问题"，但他因而被人瞧不起，是事实。

我又问我的老房东。既是队委委员，又是虔诚的穆斯林的我的房东老大爷，对这方面的情况只字未挂齿，只是说："他们全家都老实巴脚，只是他，太调皮。"又感慨说："现在的年轻人，没受过苦，光知道享福。我们年轻的时候……"

房东老大娘插嘴说："穆罕默德·阿麦德的母亲，各方面都好，就是鼻子太糟糕……"

"她老是流清鼻涕，她要是做饭鼻涕就往面盆里、锅里、碗里掉。"说得我们都笑起来了。

随着我维语知识的增进，我也听懂了穆罕默德·阿麦德与女社员在一起时说的那些调笑的话了。我的天，太可怕了，那种粗鲁和肮脏确实能把我吓一个跟头，虽然我也完全不是什么清幽细腻人儿。有一次他又和她们胡说八道，我皱起眉头转过身去，以维持"非礼四勿"的儒训。我的反应被他注意到了。干活的时候他对我说，本星期六他要请几个"艺术家"（即能歌善舞者）到他家坐坐，希望我也去。我干巴巴地回答说："不。"他噘起嘴说："这次你要不来，我可肚子胀了！"我就模仿当地社员的说法回答说："肚子胀了，放几个屁就好了！"他听了我的话一怔，往后退了一步，显出那种惊异、失望、难受得几乎是恐惧的表情。他哭丧着脸看着我像看一个陌生人："老王哥，您……"他喃喃地说。我只好一笑。

收工以后，他沉重地对我说："唉，老王哥，您干什么要学习这个维吾尔语呢？您学这个维吾尔语又有什么必要啊！我真不愿意您学会我们的语言啊！"

他的话使我完全摸不着头脑。我解释说学维语是为了向维吾尔族贫下中农学习，学习维吾尔文化，增强民族团结……他打断我说："不，不，不！您不应该听懂我们那些脏话，您是从北京来的干部，那些话会污染您的耳朵。瞧，您也说起这些脏话来了，我真心疼啊！您如果学维语，就学那些文明的、美妙的、诗一样的话好了。您知道纳瓦依吗？"

我摇摇头，于是他向我介绍了中世纪维吾尔族伟大诗人纳瓦依的情况。他把我拉到他家，从条案的精装书丛里拿出一本又厚又重、如果是汉文大概相当于五十万字篇幅的书《纳瓦依》。他问："老文字您认识吗？"我点点头。"这本书我看过五遍了，作者是苏联乌兹别克斯坦的阿依别克，您看您看。"他匆忙地翻着书，"这就是纳瓦依诗里的两句。"他先用维文朗诵，再给我逐字解释，诗是这样的：

> 烛光虽小，却照亮了一间屋子，
> ——因为它正直；

> 闪电虽大，却不能留下什么，
> ——因为它弯曲。

他读纳瓦依的诗的时候半闭着眼，一副沉醉的表情。

"您看您看。"他又翻出了几张插图："这就是女主人公狄丽达尔，狄丽达尔多漂亮啊！你看这风景，这池塘，这花和草，多像我们喀什噶尔啊！阿尔斯兰爱上了狄丽达尔，却受到暴君苏里坦的破坏，勇敢的狄丽达尔杀死了卫兵，从王宫里逃跑了。奸臣阿拜克抓住狄丽达尔要把她处死，但是担任过宰相的纳瓦依把她赦免了。老王哥，你看看吧，书上并没有这样说，但是依我的看法，准是诗人纳瓦依也爱上了狄丽达尔了，那么漂亮的丫头！要不为什么纳瓦依那么快就赦免了她呢？"

从此，穆罕默德·阿麦德成了我读的维文文学书籍的主要供应者，他帮助我解决文字上的疑难，同时与我一起对书的内容进行热烈的讨论。以我的看法，阿依别克的《纳瓦依》不能算是写得非常好，语言还不如他写的另一本书《圣血》。至于说书中的纳瓦依也爱上了狄丽达尔，更纯属穆罕默德·阿麦德的独家发明。但穆罕默德·阿麦德对于纳瓦依的崇敬，对这本书的热爱，对书中人物命运的关切，却给我留下了深刻的印象。纳瓦依的许多诗句，特别是他的"忧伤是歌曲的灵魂"的名言，确实使我五体投地。后来我不无嘲弄之意地想到：原来不是几个世纪以前的大诗人、政治家纳瓦依，而是这个叫人哭笑不得的穆罕默德·阿麦德爱上了书中的狄丽达尔，瞧他说起狄丽达尔时半闭着眼、温柔多情的样子，活像刚刚得到了那位天仙般的少女的一吻呢。

我从他那儿还借到过高尔基的《在人间》、奥斯特洛夫斯基的《暴风雨中诞生的》（维文译名是《暴风的孩子们》）的维文译本。还有一位吉尔吉斯作家原著的《我们时代的人们》，写得好极了。特别是塔吉克作家艾尼写的《往事》，对于布哈拉经院的记述，确实漂亮。还有一位哈萨克作家写的《骆驼羔一样的眼睛》，也很动人……就这样，穆罕默德·阿麦德帮助我认识了维吾尔乃至整个中亚细亚突厥语系各民族语言、文化的瑰丽，他教会了我维吾尔语中最美丽、最富有表现力和诗意的那些部分。我将永远感激他。

1966 年夏，大学因"文化大革命"而停止招生，我们队来了一位维吾尔姑娘、高中毕业生玛依奴尔。她爸爸原在某县当干部，据说当过科长，后因"有问题"退职，现在我们队劳动。他的家要比一般农民富得多，妻子腕子上戴着手镯，耳朵上挂着宝石。他家里有崭新的铜床、缝纫机和自行车。玛依奴尔本来在伊宁市寄宿中学读书，一心要考大学中文系的，结果，运动来了，还乡生产。

玛依奴尔个儿不太高，很壮，面色白里透红，眉眼舒展，脸型随她爸爸，略显扁平，经常穿一件浅色衬衫，深色裙子，短袜套，白色或蓝色球鞋。她的脚很大，更显得青春焕发，有劲。她举止大方，虽有头巾却常常把头发露在外面，裙子下面的腿也赤裸着一部分，一派城里人、中学生的气派。在农村，是没有哪个女人敢露出头发和腿来的。

很快就传出了玛依奴尔与穆罕默德·阿麦德相好的说法。不用说，对于玛依奴尔，穆罕默德·阿麦德更是恪尽礼宾和接待的职守，他们两个一见面就说到一块去了。干活的时候抬"抬把子"（一种运重物工具，不用肩挑，而是两个人一前一后用手抓着抬），本来大家都是男找男、女找女结伴的，偏偏穆罕默德·阿麦德与玛依奴尔组成一对，玛依奴尔在前，他在后，一面抬土，一面还一唱一和地哼着歌儿，那样子真像学生下乡义务劳动，说实在的，有了这位洋溢着活力的玛依奴尔，倒是带动他干活时多卖了不少力气。我注意到，他那把微型砍土镘也不拿出来了，而是用了一把他大妹妹平常用的略大一些的砍土镘。他和女社员的下流谈笑也中止了，相反，在玛依奴尔面前，他彬彬有礼俨然学长。

他们两个交换书看，玛依奴尔汉文比他好，能看汉文小说，给他讲过好几个汉族古代寓言故事，像"晏子使楚"、"二桃杀三士"，他听起来非常入神。"老王哥，我要学汉文，借我一本书看吧。"他对我说。我能给他什么书呢？只有那么几本。他学了两天，不耐烦了，"攻击"起汉语来了，"什么汉语，枪也是qiang，墙也是qiang，抢也是qiang，让人笑死了！"

有时候工间休息时他们脱离开"群众"，躲在一边互相教唱歌。玛依奴尔教穆罕默德·阿麦德用汉语唱《大海航行靠舵手》和《我们走在大路上》，他学得很快，但常常在每一句歌词后面加一点维吾尔音乐式装饰尾音。他教给玛依奴尔唱喀什噶尔的民歌，这些民歌当时属于应"破"的"四旧"的范围，所以当他们俩唱这些歌曲的时候，我总有点惴惴不安，东张西望，客观上起了替他们望风的作用。遇到远远有什么可疑的生人，我便制止他们："别唱了！"两个兴高采烈的年轻人莫名其妙地抬起头来望着我，那种纯真无瑕的神态真叫人喜欢。我觉得，有了穆罕默德·阿麦德，玛依奴尔的学生生活好像恢复了。他们有时候还相互出智力测验题，在土地上用树棍画三角形和圆呢。但农民们却觉得看不惯了，同时在一般舆论里，颇有一种对穆罕默德·阿麦德癞蛤蟆想吃天鹅肉的不平。

我个人倒是很为他庆幸。我希望玛依奴尔能把他带得更勤劳、正派一些。我同时窃以为,通过与玛依奴尔的相好,他那些不够健康的心理举止将得以校正过来。

但是传出来了玛依奴尔父亲的声明,说是娶他的女儿没有一千五百块钱的聘礼和五十尺布票是办不到的。

有一次,工间休息的时候穆罕默德·阿麦德帮助玛依奴尔去寻找一种叫作"牛奶草根"的维吾尔女孩子喜欢用来咀嚼洁齿的植物,独眼伊敏走过去开了一句玩笑,穆罕默德·阿麦德狂怒得像一头见了红布的牛。他一头向伊敏顶去,伊敏早有准备,轻轻一躲,结果穆罕默德·阿麦德自己摔了一个马趴。大家过去劝阻,玛依奴尔也吓呆了。穆罕默德·阿麦德摔了一脸的血,我把他扶回了家,劝慰之后,我问道:"你是喜欢玛依奴尔吗?"

他苦笑了,接连摇头:"怎么可能呢?我家里是什么样?她家里是什么样?我能娶到她吗?"

"可你也该考虑考虑自己成家的事了,你有二十四五了吧?父母老了,妹妹小,家里没人照管……"

"不,我不结婚,我一辈子也不结婚。"他的回答使我一阵反胃,我又想起那些对于他的传言来了。

"依我现在的状况,又有什么样的丫头能跟我呢?上个月五大队的一个姨姨来给我说媒,后来一问,原来那个丫头从小长秃疮——是个秃子。姨姨介绍说,那丫头戴上头巾并不难看，我哭了，我大哭了……"他一边说，一边用手梳着自己的卷发，"我现在好一些了，你别走，我给你做饭吃……"

我没吃，心里觉得什么味儿都有。

渐渐地，我发现玛依奴尔也与他开始疏远，保持距离了。他的小砍土镘也就重新换回来。不久，发生了玛依奴尔的父亲逼婚和玛依奴尔逃婚事件。她父亲贪图财礼把玛依奴尔许配给伊宁市一个木匠。玛依奴尔不干，找穆罕默德·阿麦德商量，然后玛依奴尔就不见了，都说是穆罕默德·阿麦德帮她跑掉了的。对于这种说法，他既不承认也不否认。玛依双尔的爸爸找他，他对玛依奴尔在哪里不置一词，但据理力争，批评玛依奴尔的爸爸包办子女婚姻不对："你这是卖女儿！你这是毁掉你女儿的终生幸福！你这是违犯婚姻法！"

"乌龟头！你还给我讲婚姻法？你才违犯婚姻法呢！你是卖……"底下的辱骂是不能写下的，维吾尔语中最下流的话，我也是从与穆罕默德·阿麦德有关的事情里听到的。

他这次没有撞头，他双手交叉在胸前，低垂着头。打架只能和平辈打，骂架也是如此，对于上一辈人，他保持着应有的礼节，打不还手，骂不还口，他只是沉默着。

玛依奴尔的父亲威胁说，如果三天之内穆罕默德·阿麦德不把他女儿交出来，就把穆罕默德·阿麦德像宰一只羊一样地宰掉。"我挤干你的血！"前科长大喝道。

但是穆罕默德·阿麦德不为所动，当然，他的血也照样在他自己的血管里奔流。半年以后，玛依奴尔回来了，她显得大多了，也漂亮多了，他父亲终于让步了，退了那个木匠的婚。我悄悄问玛依奴尔前一段跑到哪里去了，她说："还是穆罕默德·阿麦德哥好！他给我买了汽车票又写了信指了路，这半年，我躲在他在尼勒克县的一个远亲那里。我本来还不敢跑呢，是他给我出主意，打气……真是个好人啊，可惜……"她摇摇头，谁知道她说的"可惜"都包含了些什么呢？

又过了半年，玛依奴尔与七生产队的文书雅阔甫结了婚。雅阔甫高大健壮，文化不太高，但人很聪敏，最近又入了党。他早先在察布查尔林场放木排，家里颇有积蓄，他家的苹果园和葡萄架，果木品种都是最好的，家里只有一个寡母，对他极为疼爱，我也不能不承认这确实是玛依奴尔的佳偶。

玛依奴尔办喜事那几天，穆罕默德·阿麦德的话特别多，和男男女女胡打胡闹胡笑，和阿细罕撕过来滚过去，无所不用其极，以至有人说他在去伊宁市的公路上捡到了一块手表，都快乐疯了。胡闹只要一停下来，他的神情便充满沮丧（也许只有我注意到他的神情了吧），而他一旦发现我心疼（我也终于为他"心疼"了）地看着他，他就立刻找人胡骂乱笑地出一通丑，"这样的人实在不可救药，怎么能配玛依奴尔呢？"连我也这样想了，然后他得了整整半个月的牙痛病，左下巴肿得老高，叼着一个手帕角淌口水，样子真是难看极了。

后来，当有的社员用同情的口气说起穆罕默德·阿麦德对玛依奴尔的情义，说他为玛依奴尔的幸福不辞劳苦艰险，但最后白辛苦一场，一无所得，玛依奴尔还是嫁了别人的时候，独眼伊敏取笑说："那有什么办法？他能娶丫头吗？他只能嫁……"他中途停止了笑话，知道那笑话是太恶毒了，但还是有许多人笑了起来。

穆罕默德·阿麦德一家渐渐在伊犁地区站稳了脚跟，有点家底了。伊犁河谷，这是多么富饶的地方，尽管"文化大革命"搞得全国都乱糟糟，伊犁河谷的少数民族农民相对来说还算比较逍遥。尽管对于农民的生财之道关卡重重，但与内地汉族农民相比，这儿少数民族农民的日子，还算有点相对的灵活性。养头奶牛，养个羊，栽个葡萄，编个扫把，马马虎虎还是可以挣下几个钱。加上从 1965 年以来，自治区党委号召各地搞社会主义新农村的规划建设，"文化大革命"中，这个规划建设并没有停止，所以这里的农村尽管问题很多，积极性调动不起来，但生活仍然在慢慢腾腾地运行，有它相对的稳定性。这样，到了 1969 年，包括穆罕默德·阿麦德家在内的大多数农民，在庄子附近统一规划的地段上，按每家 9 分地的标准（这是关内汉族农民做梦也不敢想的）修建起自己的新房庭院来了。很长一段时间，穆罕默德·阿麦德显得不那么活跃了，他起早贪黑地在生产队干部和众位社员的帮助之下和泥、打土墙、脱土坯，买梁木和椽子、苇席，买石灰，垒墙，做门窗……总之，勤劳的李顺大所难以完成的大业，懒惰的穆罕默德·阿麦德却正在顺利地完成着。

其实，也不能说他懒惰了，光土坯他就脱了好几万，等到上顶子的时候，他都快累成个黑瘦的小老头儿了。

社员们全力以赴地给他帮忙，否则光靠他自己盖房，没门儿。其中帮忙最多的人之一是独眼伊敏。据说由于独眼伊敏的奔走，他买建筑材料节省了一百多块钱。到上顶子的时候，包括我在内，有二十几个人给他帮工。

他真心感谢大家，再也不发那一套扬南（疆）抑北（疆）的牢骚了。房子基本完工以后，他做了一大锅抓饭，招待我们这些为他的房子出过力的人。吃过抓饭以后，每四个人面前摆上一盘爆炒羊肉，一瓶"伊犁大曲"。1969 年，酒是稀罕物，这也是伊敏帮他搞的，大家顿时活跃起来。

酒过三巡，醉眼惺忪的我们唱起来了，大家唱完了以后，穆罕默德·阿麦德突然清了清喉咙，大声唱道：

> 在我死后，在我死后你把我埋在哪方？
> 埋在大道旁？哦，我不愿埋在大道旁，
> 那里人来车往，人来车往是多么喧嚷。
> 埋在戈壁上？哦，我不愿埋在戈壁上，
> 那里天高地阔，天高地阔是多么荒凉。

他的歌使我一惊。新房落成，是喜事啊，怎么唱起这样丧气的歌儿来呢？而且他唱得非常好，没有那种女声女气。

我不解地看了他一眼，他好像明白了，便悄悄用汉语对我说："盖房有什么意思，我真想去当特务！"

他的"特"字发成"tie"音，好像是说当"梯益鹅务"，非常好笑。我当时只当作他又犯了疯病，胡说八道，根本没往心里去。

谁知道他后来的命运竟真的和"梯益鹅务"有了点关系呢！

1970 年，进驻了由贫下中农代表、下乡知青、兵团农工组成的宣传队。我的房东老大娘称之为"多普卡"队，开始我还以为是一个俄语借词，后来才知道是"斗批改"的维化读法。

这个"多普卡"队一进村，不到两个星期就抓出了一个"反革命集团"。他们这个"集团"是怎么抓出来的，至今对我是一个谜。反正公社、大队都开了好几次斗争会，每次会上"反革命"都满满地站一台，不但有"喷气式"，而且上手铐，绑绳索，惊心动魄。本大队这个"集团"的首领说是前科长、玛依奴尔的爸爸（按：平心而论，揪出来的很大一部分人倒是多少有点劣迹民愤。总之，也是"事出有因，查无实据"），成员愈揪愈多，没几天，"多普卡"队正式宣布，穆罕默德·阿麦德是反革命集团成员，任反革命集团的"特务"。穆罕默德·阿麦德被叫到"多普卡"队去夜审，据说给他上了手铐，抽了他几鞭子，不但审问了他的"特务"问题，而且审问了他的生理状况——是不是阴阳人。知情的人说，与前科长等"骨干分子"相比，他的皮肉之苦算是相当轻的，但他惨叫得厉害，又连连叩头，洋相百出。关于特务问题，他承认他确实说过想当"特务"——"梯益鹅务"；关于生理状况，他保证无异常，只要宣传队"饶我这一小勺血（犹汉语"饶我一条狗命"）"，他一定立即娶妻，秃子瞎子哑巴都行，而且一年之内一定生个孩子给宣传队看。

开始，对穆罕默德·阿麦德被宣布为特务，我也有些紧张，这究竟是什么事啊！特务，这可不得了啊，后来又感到不解，"反革命集团的特务"，这是什么意思呢？是"反革命集团"把他从喀什派到我社我队来当特务的？难道真的和克格勃或者美国、台湾挂上了钩？这实在无法想象。及至后来听到"审讯"情景，更是急不得恼不得哭不得笑不得。传出来的报道里最绝的还在后面呢，据说在穆罕默德·阿麦德保证娶妻生子以后，负责审讯他并抽了他一鞭子的一位"多普卡"队积极分子问道：

"那你能保证孩子是你的吗？"

"我保证孩子一定长得像我，再不信，你们可以派人……"底下的话不能记了。

抽他一鞭子的疾恶如仇的积极分子也噗地一笑，估计那笑容是美的，后来据说还教育了他一顿，教育内容有一项，就是以后再不要看"乱七八糟的小说"。第二天穆罕默德·阿麦德把全部小说上缴了。

不久，传来了北京周总理的指示，定"反革命集团"要报中央批准。这也是使我至今感到惊叹的，总理在北京，却能掌握这里的情况，救了这里的许多人！"多普卡"立刻如撒了气的皮球，像牛一样开始的"反革命集团"，却像耗子似地结束了。

"多普卡"队工作后期，需要清理文件，不知道怎么发现了我这个"人才"，队长宣布可以对我"控制使用"。我有幸与闻机要一个时期，看到了有关穆罕默德·阿麦德的维文罪行材料，材料很简单，全文如下：

> 穆罕默德·阿麦德，男，二十八岁，南疆疏附县人，家庭出身贫民，文化程度中专肄业。
>
> 该犯一贯思想反动，好逸恶劳，崇媚资、修，在 1969 年、1970 年曾两次宣称要当特务，实属丧心病狂，罪大恶极，处理意见，建议处以极刑，或无期徒刑，或有期徒刑，或管制改造。

后面有几份旁证材料，第一份便是独眼伊敏所写。关于独眼伊敏以及这份别有特色的"罪行材料"，特别是近乎荒诞的"处理意见"，那将是另一篇小说的素材了。

尽管这个"多普卡"队确实搞得很糟，完全可以称之为解放以来最最糟糕的宣传队，至今臭名不散，但相当一部分社员说：

"这回把穆罕默德·阿麦德收拾了个美！"他们似乎认为，这个"收拾"对穆罕默德·阿麦德还是有益的和必要的。

后来过了一段时间，我见到了穆罕默德·阿麦德，他形容憔悴，态度"老实"。我没有和他多谈，也无法多谈，可能我也不敢或不愿与这个有过"特嫌"的人过往太密吧。不久，我就离开伊犁，到乌鲁木齐南郊上"五七"干校去了。

1973 年，我们全家从伊宁市迁往乌鲁木齐，我回伊宁市搬家，行前我到毛拉圩孜和乡亲们正式告别，穆罕默德·阿麦德闻讯气喘吁吁地赶来，要我到他家吃晚饭，但为搬家事我必须当晚赶回伊宁市，不能从命。他神态怅然。他还塞给我十块钱，并说起了 1965 年借过我十块钱的事。他说他一时实在找不出第二张十块钱来了，准备等他不久去南疆娶亲路经乌鲁木齐时给我带点土特产。我完全忘掉了借钱的事，他的还钱反而使我不安起来，联想到八年前借钱的场合和我的不快感，更觉得惭愧，所以我极力推辞，但他还是坚持还了九块钱。我想，这大概也是维吾尔人的一种礼法吧，人在，早还账晚还账可以不那么认真，人走了，那就要清清楚楚。

也是这一次，我终于听到了他即将卖掉奶牛去南疆娶妻的消息，我高兴地祝贺他，他漠然。

一晃，就过去了八年。这八年，国家发生了翻天覆地的变化，我个人的境况也大不相同。1979 年以前，在乌鲁木齐我一直没有见到他，也不知道他媳妇娶上了没有，1974 年我还念叨过几回，后来也就不提了。及至到了北京，公私诸事，每天都是铺天盖地，我如牛负重，顾不上想到他。偶尔见到远道而来的新疆朋友，特别是少数民族朋友，我们也会一起回忆一下新疆的事情，也会提及毛拉圩孜公社的某人某事，但我很少提到过他，他能算个什么呢？

1981 年 9 月，我重访阔别多年的伊犁和毛拉圩孜公社。

在伊宁市，不论是老客运站旁的自由市场，还是绿洲俱乐部前深夜点着电石灯卖土造啤酒和葵花籽的儿童；不论是斯大林大街与解放路交接处食品二门市部的从丰富变得萧条、又从萧条变得充实而且琳琅满目的柜台，还是州党委画着镰刀斧头的办公灰楼；也不论是街道两旁白杨树下潺潺流着清水的小渠沟，还是小渠旁卖莫合烟的道貌岸然的长须老汉和刘晓庆的翻印影照，都使我觉得亲切、留恋、感慨而又有一种说不出的怅惘。

　　踏上毛拉圩孜公社的土地，更使我百感交集。想不到，来到这里我几乎迷了路。1965 年（就是我初来的那一年）制定的建设五好新农村（好条田、好林带、好道路、好渠道、好居民点）的规划业已全部完成，包括我住过的旧房子已全部拆除。我和穆罕默德·阿麦德所属的二大队第五生产队的地与第七生产队进行了部分调换，原来五队队部附近的田地与住房地给七队，换回了七队在伊犁河沿的农田。这样，五队的全部活动领域，都迁到原来的小庄子一带了。

　　我终于在新房新桥新树处找到了通往庄子的旧路，笔直的大土路，是我们当年修的。现在路上行走着的除了当年常见的皮轱辘与四轱辘马车和高轮牛车以外，还有当年未曾见过的一辆又一辆大队属与公社属卡车，还有一辆崭新的既可以乘坐六人又可以拉五百公斤货物的日本进口的生活车，而大大小小的自行车，几乎全部取代了当年代步的毛驴。

　　大路两旁的十行白杨树呢？这些当年我和穆罕默德·阿麦德等人一起栽下的瘦骨伶仃的小树苗子，已经都变成了参天的巨人。说实话，当年看到树苗子那副可怜相，我颇怀疑过它们能不能活下去，现在呢，脖子仰酸了还看不全一棵树的树冠和树上的鸟雀喽！

然后是我们挖过土的综合水磨，这个水磨从1965年底开工，1966年秋天"文化大革命"开始以后由于队里闹"夺权"停下来了，此后上上停停，变成了持久战与消耗战，光州上的技术员就请来了好几趟，每次都要杀鸡宰羊拉面焖饭伺候。直到1971年我去干校前夕才完成了第一期工程。报上发了消息，说是证明了"文化大革命"不但不妨碍生产，而且革命就是解放生产力，就是促生产……现在的水磨，包括磨面、舂米、榨油、弹花的全套设施。虽然队里已经实现了"电气化"，有更加方便迅速的电动粮棉油加工设备，但水磨收费要便宜得多，所以这里熙熙攘攘，十分热闹。当在人群中发现了老相识，我也被人群发现以后，一连串握手、问候，让人激动得喘不过气来。

愈走近庄子，农村的变化就愈显著，我也就越发惦记起穆罕默德·阿麦德来。过去荒芜杂乱的伊犁河沿，现在多么繁荣了啊！房屋院落成行，医院、学校、供销门市部、农具仓、粮仓、马鹿饲养场……俱全，电灯电线，好一幅热闹景象。只是不知道穆罕默德·阿麦德怎么样了？得知这里已经实行了联产计酬、专业承包，再想起他那个"耳挖勺"似的小砍土镘和那副"软、懒、散"的样子，心想，一搞责任制他恐怕要饿饭、卖裤子了吧？

他的院子还在老地方，但我也是在一个小孩子引导下才找到的。首先看到他的新院门，有一个小小的遮雨的门楼，门是两扇，漆上了酱色油漆，还有圆圆的一对铜门环，颇有点讲究。我刚一推门，就传来了看家狗的凶恶的吠声，一个穿着红背心、秃头、两臂肌肉发达、伏着身在一辆倒扣在地上的拉拉车上干活的庄稼汉回过了身。这，还没等我反应过来，他叫了一声："老王哥，是您吗？是您在这里吗，您还在吗？"

这就是穆罕默德·阿麦德吗？是他，是他啊！声音还是那样温和，拉着长调，然而他的形象已经是一个不折不扣的"老农"了。色彩鲜明的背心掩盖不住他的秃顶，满脸的皱纹，脸孔不像原来那么黑，而是黄多了，下巴似乎有一点下垂——他胖了，但腮部肌肉显得松弛，满脸的黑胡子茬儿，特别是眼睛，眼睛已经远远不像从前那样活动，那样洋溢着幻想、热情、调皮捣蛋而又时而灰心丧气的明明灭灭的神采了。倒是他两臂的肌肉，显然比原来健壮多了，整个腰板也显得粗实了些。

"这不就是我吗，我在呢。我这不是来了吗？"我用在北京已经变得生疏、一到这块土地上立刻又变得纯熟了的维吾尔语回答："怎么样，你可好？身体健康？老爹和老妈妈呢？妹妹可都好？你成家了吧，有妻室儿女吗？他们在哪里？"

他一一回答"好好，好好，感谢真主，托党的福，爸爸已经过去三年了。妈妈还很硬朗。两个妹妹都出嫁了，大妹妹已经有了孩子，我是1973年结的婚，有两个儿子，妻子回南疆探亲去了……"他一面说，一面摘下挂在葡萄架上的硬盖帽子往头上戴。

"你的头发是怎么回事？"我忍不住问。

"唉，老王哥。"他又摘下了帽子，让我看他的秃顶："您说这是怎么回事呢？我又有多少办法？从娶了媳妇以后，我年年掉头发，这不是，都成了秃子了，唉，唉，唉！"

他的话仍然像从前那样好笑，然而他自己一点也不笑，一副一板正经的样子。

他的房子在原有基础上扩建了两间，这两间布置得非常漂亮，新花毡，单人铜骨床上整齐地叠放着新被褥和好几个大枕头，大枕头掖进去下两角而揪出上两角，斜靠着墙置放着，形状像个大元宝。条案上有一台名牌收音机。屋里还有缝纫机。

墙角上悬挂着的是他妻子的镶在镜框里的照片，年轻而又俊秀，辫子长长的，一双眼睛似乎像受了惊的黄羊。他规规矩矩地并起两腿，跪坐在毡子上，臀部压着自己的脚后跟，一副标准的敬客的姿势。他告诉我，他 1973 年经乌鲁木齐去了南疆喀什噶尔，为了节约住宿费，不敢耽误，没能去找我。去到疏附县以后，由于他带的钱不多，娶不上太好的媳妇。最后别人给他领来了一个骨瘦如柴、脸上、脖子上、身上都长着白癜风的小丫头，他实在不想要，但一想到家庭的实际困难和周围的舆论，只好把这个丫头拿走了（维语讲到娶媳妇时用的这个词儿，可译成"取"，即"娶"；可译成"拿"，也可译成"买"，这几个意思都是贴切的）……

"她哪里有白癜风？漂亮得很呀！这不正是你的狄丽达尔

吗?"我指着照片说。

"每个人有每个人的狄丽达尔。"他巧妙地回答说(狄丽达尔可译作"心上人"),"那是后来,她的病好了。"他回答的时候脸红了一下,好像还有点不好意思呢。

……见过了老太太和欢蹦乱跳的两个小子以后,来了许多人,"大半斤"、爆炒、伊犁大曲,同样的乡亲的心。席间,我问起他的生活情况,他的话很少,别人代答加以评议的却很多。人们抢着告诉我,穆罕默德·阿麦德这些年是彻底改邪归正了,像个庄稼人一样地劳动,一样地过日子,而过去的那些毛病,都改掉了。说这些时,他静静地听着,有时还笑一笑,表示他的首肯和并不避讳谈自己的变化。当我问到实行联产计酬以后他挣得上挣不上钱时,独眼伊敏代答说:"老王哥,你放心吧!这儿一贯彻按劳取酬,穆罕默德·阿麦德一夜之间就换一把特大号砍土镘,这个贼娃子(犹汉语"这小子")奸着呢!"

"那把小砍土镘呢?留下展览,作大锅饭的见证吧。"我说,大家都笑了,但穆罕默德·阿麦德没有笑。

后来话题集中到他的妻子阿娜尔古丽身上。伊敏说:"这件事穆罕默德·阿麦德办得实在胡涂!阿娜尔古丽从那个吃不饱肚子的南疆来到咱们伊犁,长胖了也出息了俊了。穆罕默德·阿麦德花了不少钱请维医给她治病,病也治好,当真像一朵石榴花开了(阿娜尔古丽本意是石榴花),却把她放走了……穆罕默德·阿麦德兄弟,这次走的时候你给她带上了多少钱?"

“三百块。”他嗫嗫嚅嚅地回答：“那就更不回来了。”伊敏叫道：“她一定拿这一笔钱给他弟弟办婚事去了！”

“算了，南疆现在也富啦。”玛依奴尔的丈夫、七队文书雅阔甫插嘴说。

“那就更不回来了，南疆富了，人家何必还往北疆跑！”伊敏的逻辑是颠扑不破的，不论怎么说，阿娜尔古丽不会回来了。

穆罕默德·阿麦德的神色确实有一点忧伤，为了换一个话题，我建议他打开收音机，听听歌曲。

美妙的维吾尔歌曲在室内响起来了，他听着这些歌，却失去了当年对于歌舞的迷恋冲动，他的眼神是呆滞的。人们告辞以后，我们拧低了音量，彼此谈了很久，我决定，就在他家过夜了。

后来我忽然想起了一个问题：“我有一个问题想问你，希望你不要生气。”我说，他连忙摇头。“1969 年你说要当特务，这到底是怎么回事？你果真想给外国……”

“没有的事！”他果断地一挥手，脸上显出了一丝笑意，“那时候我很寂寞。”他解释说，沉吟了一下：“你知道我爱看电影，我看电影上那些特务的生活倒挺有意思，搂着美女，戴着黑眼镜，又开汽车又坐船……我就胡说起来了……唉，年轻，不懂事，傻瓜蛋呀！”

我不由得笑了。

“他们好厉害呀，老王哥，把我吓死了。”他回忆起那些不快的事情，就这样"批评"了"多普卡"队。

"那那……你那身西服呢？你不是有一张穿西服的照片吗？"为了使他不再想那伤心的往事，我连忙胡乱凑了一个新问题。

"我哪里有西服，那是照相时向一位老师借的。老王哥，你说我穿西服好看吗？"他的眼睛有点亮了，当年的穆罕默德·阿麦德似乎有点影子了。

"好看，好看！"

"……可惜，在阿娜尔古丽面前我也没穿过一次西服，只要是她回来，我一定做一身西服去。"

"……她不会不回来吧？"

"难说。"他摇摇头。

他告诉我，阿娜尔古丽嫁给他的时候只有 17 岁，是虚报了年龄才领到了结婚证的。初到他家，阿娜尔古丽想妈妈，想弟弟，想南疆，整天地哭。她是因为父亲死了，生活困难，她自己条件又不好，才跟了他到伊犁来的。开始时，他并不喜欢她，她哭得他可怜起她来了，就对她愈来愈好，给她做拉面，给她讲维汉两个民族的故事、笑话、寓言，"我还给她学电影里的'特务'的样子，终于把她逗笑了。"他说着，回忆着，欣慰地笑着，"这几年，农村富了，她也发育得丰满了，病也好了……"

"现在，我配不上她了。今年她才 25 岁，而我呢，已经是老头子了。"他指指自己的秃顶。

我算了算，他不过是 39 岁，我说："你离老还远着呢！她要再不回来，你就去南疆找她去吧！"

他苦笑了，"那有什么意思，强拽过来的还能是狄丽达尔吗……她已经给我生了两个大儿子了，这家业也是她帮助我挣下的，即使她不回来，也算对得起我了……何况，我在这里的名声……不太好。"他满眼是泪。

我无言地看着墙角的照片，维吾尔人挂照片的这个位置可真艺术，不在某一面墙上，而是专门挂在两面墙形成的夹角上。难道她也和玛依奴尔一样，最后还是要把穆罕默德·阿麦德抛弃吗？不至于吧！不，不能啊……

忽然，他的两眼发直，抬起臀部，直着腰大声说："如果她明年再不回来，我就把孩子交给奶奶，卖掉我的奶牛、羊、毛驴、拉拉车和这个铜骨床。我要流浪去，在我们的母亲祖国，在我们伟大的祖国流浪！""伟大的祖国"几个字，他突然改用汉语说，他的两眼发出了邪而热的光，他站起来，用朗诵诗式的腔调喊道："我要去北京、上海、哈尔滨、广州，还有香港……"

他拿下都塔尔，拨动两根琴弦，唱起来了：

> 我也要去啊，我也要云游四方，
> 我要看看这世界是什么模样。
> 我要看看这世界是什么模样。
> 我要走很远很远的路，

我要越过高山和大江。
安拉会佑护我吗？能不能平安健康？
我愿能够归来，或许能回来，
回到这个生我长我的地方，
回到我亲爱的故乡！

　　这个歌儿我也会唱，已经好久没有唱过也没有听人唱过了。看他现在唱得多么来劲、忧伤、邪性啊。哦，穆罕默德·阿麦德，你还是穆罕默德·阿麦德，你还是穆罕默德·阿麦德啊！

临街的窗

王蒙

一

在我幼小的时候就注意到胡同东口那一家的临街的窗子了。高大的合欢树，永远紧闭的暗红色的门，剥落的油漆，稀稀落落的、步伐沉重的行人，推车卖货的小贩，吵吵闹闹的上学和下学的孩子，秋天的落叶和冬天的雪。就在这单调的与乱哄哄的诸种景色之中，有一扇小小的高高的窗。是一扇永远不开的窗。是一块安装上了的玻璃，是一个透光的方孔，尽可能安置得高。这样，在采讲光照的同时却不会暴露室内的秘密。

我们的城市是不作兴把窗子开在临街一面的。人们都是把窗开在院子里，叫作四合院也可以，虽然未必四面都有房子。所以，当晚间走过这个胡同，那多半是看完了白云或者陈云裳主演的、完全不适合我这个年龄的孩子看的乏味的电影之后，黝黑的胡同和更加黝黑的树影里，只有一扇窗口透露出橙黄色的灯光，只有这一家人没有用绝对的砖墙把自己与胡同，与街，与城市，与不相干的路人阻隔开来。这使我觉得温暖。我推测，那里面大概住着一个好心的母亲和她的女儿，母亲正催促女儿在昏黄的灯光下做功课；也可能是一个会写童话的孤独的老头儿，他看一眼自己的住室的高高的临街的窗口，就会想出一个逗人的故事；或者就是一个准备远行的青年吧？第二天天不亮就会有人在窗下轻声叫他，他们一起出发，到很远很远的地方，到不那么残暴也不那么穷困的地方去了。

后来我大了，我没有固定的职业。有的医生说我的肺部有某种感染，有的说没有什么。这样，我常常有时候徘徊在离那窗口很近的合欢树下。每年学生考试、放暑假、升学并因而焦头烂额的时刻，合欢的金红花儿盛开。合欢花儿就像我的青春一样地虚无缥缈，然而灿烂。在合欢树下，我听到了——隐约地听到了窗口里传来的说话声和音乐声。

我说不清那是一种什么音乐，是西乐还是国乐，是什么乐器在响，是什么旋律和节奏。我好像没有抓住它的声音，甚至也没有感染到它的情绪。但是我已经共鸣了，我已经震颤了，一种温柔的暖流已经流遍我的全身，我傻笑了，我觉得我已经不完全是我自己，世界也不完全是这个破烂的、摇摇欲坠的世界了。也就是在这个时候，我听到了她的说话声：

你好，我的朋友！

这是在对我说么？她是谁？再也听不见什么了，但还是有喃喃的低语，有一种诱导和抚摸，有一种语气，有一种呼吸，有一种人的温热，人生并不总是那么孤独。

> 记得当年年纪小,
>
> 我爱唱歌你爱笑……

这是我悄声唱起的歌,也许,她能听见?

后来我参加了革命。后来我离开了家,离开了那条胡同,忘记了那扇窗。我很忙。我唱完全不同的歌:

> 我们是投弹组,
>
> 战斗里头逞英豪,
>
> 杀呀!

几十年后我们那么快地老了,离职休养回到家,回到我们的城市仅存的几条面貌依然的小胡同来了。

我找到那间具有临街的窗的房子了。窗已经堵死了,只有像我这样的老居民,才能依稀分辨出窗的遗迹及它与后砌的砖的接茬,尽管这茬口已经掩盖在白灰、青灰与麻刀的灰皮之下。合欢树已经没有了,代替合欢的是年轻的杨。行人稠密,儿童欢笑,还常常有汽车经过这里。汽车的牌子有上海、雪铁龙、奔驰和桑塔那。暗红色的门的油漆剥落得更多,但门是经常打开的,有许多人从这门里进进出出。有出来打太极拳的,早上;也有挽着手出来去跳舞的,星期六晚上。

我看着已经堵上的临街的窗,祝福它过去的和现在的主人。想象着一幢一幢的新楼,一排又一排的大玻璃窗灯火通明。传出了让·米席尔·雅尔的电子合成音乐《朔望》和芭尔芭拉唱的"我没有带给你一束花……"。窗帘也愈来愈讲究了。它们将唤起新的、密集得多也奇妙得多的幻想，给新的徘徊者以安慰。我想建议有关部门努力减少街道上的噪音，使窗里的人生活得更安逸、美好。

二

这间房子老显得黑洞洞。向阳的一面窗子开得很小。南院墙离得近了，常常把阳光挡住。窗下堆着一大堆煤块，是四轮车从皮里青矿拉来的，当然，漆黑。我们又是冬天搬进去的，冬天日头矮。

不过门前有一株苹果树，每年长出七八片叶子，过晚地发芽，过早地枯黄，无人过问，却还活着，但总要死的。

冬季取暖用的火墙连同给墙提供火的砖砌的灶把房间一分为二。屋内的墙潮乎乎，不白。房子刚修好，还没有干。住人生火以后，满屋的湿霉麦秸味儿。每天早晨水汽把窗玻璃涂上厚厚一层雾障。

几天以后墙上的原先没有溶透的石灰开始爆炸，绽开了百花，又过几天，奇迹出现了。和泥用的麦秸里是不乏没有扬净的麦粒的，这说明了生产队劳动责任心的缺乏。在适宜的温度与湿度的作用下，麦粒苏醒了，萌动了，欣欣然发出了碧绿的芽。我的四面墙壁生机盎然。

"这是我的'试验田'。"我告诉来访的新结识的维吾尔农民朋友。他们笑个不停。他们忠告我说，这样潮的房子，又是冬天，是不能住的。勉强住进去，会得关节炎。

死都不怕，还怕困难么？同样的逻辑，那么多倒霉的事都碰到了，还怕关节炎么？所以也就心安理得地住下去了。

火墙的一分为二是把少半部分分在向阳面，背阴面倒是正房。正房有两扇对开的较大一些的窗户，临街。

这是 1965 年我先到伊犁，妻后来也到了伊犁以后住的第二"所"房子。9 月份妻到了，分到伊宁市的一所中学，先临时住在共青团总支部的一间废弃了的办公室。11 月天寒地冻以后才搬进这所修好的极端简易的土房子。

但我们充满了生活的新鲜感，对来到伊犁，对在伊犁的重新团聚，对分到新房子，对临街的窗。从前（注意，是从前，就像老祖母给孙儿讲故事似的）我们在北京的时候，还没住过有着临街的窗的房子。

窗外的街巷是一条宽广的土路，两面各有一道小渠，并不经常有水。渠边是两排杨树，树干挺拔有力。土路上来来往往的主要是步行的与骑自行车的人。有时候有两三个骑马的人走过。有时候一匹马夫妻两个人骑。妻子在丈夫的前边，在丈夫的怀里，让人觉得很有爱情，即使别的什么都还没有。伊犁人骑马的习惯与南疆喀什噶尔人不同。喀什噶尔的一对夫妻骑马与美国西部片上的一对情人骑马奔逃的形象是一样的，男在前，女在后，双手攀着男子的肩。伊犁之所以相反，据说是因为伊犁人的妻子是抢来的。清代为了屯垦荒凉的伊犁地区，鼓励喀什噶尔人到伊犁安家落户，并且规定凡去伊犁种麦子的，有"权"抢一个媳妇。抢来的媳妇更加宝贵，当然要搂在怀里，不可须臾离之了。

每天拂晓以前，可以听到车轮轧轧声与马脖子上的铜铃的叮咚响，那是去煤矿拉煤的车。冬季，他们到了煤矿，要排很长时间的队，这样，便竞相起早，越起越早，五更不到就冒着夜气严寒起床备车备马了。伊犁谚语：车夫就是苦夫，真的，而到了下午3点左右，煤黑子车夫疲惫不堪地赶着装满煤的车子回城上来了。这也是从窗向外看到的秋冬一景。

深夜，常常有喝醉了的男人高声唱着歌从窗下走过。他们的歌声压抑而又舒缓，像一个波浪又一个波浪一样地涌起又落下，包含着深重永久的希望、焦渴、失却、离弃而又总不能甘心永远地沉默垂头下去的顽强与痛苦。他们的嘶哑的、呼喊式的歌声，常常使我落泪。还有比落泪更沉重的战栗。

后来就是春天了。杨树先长出了不美丽的却也是蓬勃的穗。鸟儿在树上飞来飞去，吱吱喳喳。在富饶的伊犁河谷，在人们不认真地把粮食从田地里收净的那些年，鸟儿大概比人吃得足实一些，发育得饱满。春风吹了一阵，放风筝的各族儿童在土路上跑来跑去了一阵。化雪翻浆、轧成一道沟一道沟的土路终于干燥、硬结。虽说还没有见万紫千红的似锦繁花，却首先看到了穿着色彩缤纷的衣裙的各族女孩子们。伊犁的女孩子最喜欢成伙成对地走路了，勾肩搭背，又说又笑又唱，总是那么亲热又那么活泼。她们用维语唱着：

> 达格达姆约力芒艾米孜……
>
> （我们走在大路上……）

感谢这面临街的窗。它使身处逆境，独在异乡的我们迅速克服了陌生感，使我们分外觉得伊犁河谷是真切而美丽的，伊宁市的土路是真切而美丽的，伊犁人的生活是真切而美丽的。

但这扇窗也出了难题。当我去公社"劳动锻炼"的时候，夜间剩下妻一个人，这扇窗便成了她的心病。深夜，她听着清晰的脚步声、说话声、车轮声、马蹄声、歌声、笑声，觉得缺乏安全感。窗子低低的，一层薄薄的玻璃，几根歪斜的木条，只要轻轻一敲一捅，玻璃就会稀里哗啦，任何想跳进室内的人都可以不费吹灰之力地跳进来，不需要事先练习跳跃或者武功。这使她夜夜难以成眠。

为此我们多次向校方要求安装保护性的木窗扇。在伊犁，多数家庭的窗都临街，人们把临窗赏街景视作生活的一大乐趣。但临街的窗必有木窗扇，木窗扇上多有浮雕花纹，夜间入睡以前把木窗扇关起，用一根铁棍两只穿钉把窗扇固定起来，自然万无一失。木窗扇不仅有利于安全，冬季也有助于保护室内的温暖，但这一排新落成的简易房子，却没有这美好的设施，大家都要求装木窗扇，学校无力解决。

"文化大革命"开始以后，窗外的升平景象减少了，增加了戴柳条帽的武斗"野战军"队员，游斗的牛鬼蛇神，还有各种狂热的敲锣打鼓欢呼"特大喜讯"的队伍。但是妻反而放心了一些，"阶级斗争"的弦绷到了空前紧张的程度，人们无心去防小偷了。

一天，一个歪戴着肮脏的硬顶帽的顽童，突然从地上抄起一块石头，向我们的窗抛来。砰的一响，窗玻璃裂了几条大缝，把我们吓了一跳，我恰在室内目睹顽童的恶行，气急败坏地夺路出门去追，顽童已不见踪影。但街上的其他小朋友主动热心地前来向我提供线索，告诉我顽童的姓名、住址，并都愿充当向导领我去找那个顽童算账。不知道这是由于他们富有同情心与正义感，或是由于他们与那顽童有隙，还是仅仅由于他们烦闷无聊喜欢看人与人发生冲突。我在热心人的带领之下，迅即找到顽童家里，先看到了一个青年小伙子，估计是顽童的哥哥。我向他说明了情况，他便从里屋把那个顽童揪着耳朵揪出来了。我确认就是他以后，青年人照着顽童就是一拳，使我反而起身劝解。这时从里屋出来一位老人，银须长袍，道貌岸然，彬彬有礼地接待了我。对我的街窗被砸深表同情和遗憾，并讲述了他的关于人人应是兄弟、各族应是一家的崇高信念。我怒火全消，也不好意思再提出赔偿损失之类的要求，只好自认倒霉，回到窗已被砸的小屋里去。

这样，临街的窗就变得更加不安全了。妻要求我回来得勤一点。

自从"文化大革命"开始我就充满了不祥的预感。我每天都等待着灾难的降临，诸如收到某个"革命组织"的勒令，被揪回乌鲁木齐，被关入"群众专政队"之类。但截至窗玻璃被砸的那一天，并没有发生什么特殊的、专门针对我的事。我只是在一种"雷霆万钧"的威慑下，"只准规规矩矩，不准乱说乱动"罢了。而且这种"规规矩矩"是完全自觉的。我小心翼翼地思量了一下，认定多回几趟家，照看孤身处于玻璃被砸的临街的房室的妻子，也许尚不能算是对抗文化革命的大罪，便自动增加了每周回家的次数。

当然，回家不能影响劳动，只有劳动才能得到改造和新生。我是在每天下田耕作之后，洗一把脸，再骑上我的杂牌破自行车，一小时之后才回到伊宁市，才回到家来的。夏季农田里干活时间长，9点才下班，到家就10点多了，有时候还更晚。夜深人静之时，骑自行车离开村镇，走上公路，穿过碱滩，穿过坟茔，穿过臭味扑鼻的沼地，经过一个又一个黢黑的大果园，经过星光和伸手不辨五指的黑暗——全仗着路熟。在下地劳动十小时之后，在骑车一小时之后，终于依稀看到伊宁市的萧疏的灯火了，终于自行车拐弯，拐进我家所在的胡同了，终于进家见到从愁容满面转变为喜形于色的妻子……这也是那个年月的一种快乐，虽然难免被批评者讥之为"卑微"。第二天天不亮便又走了。

但心里还是有点鬼，不愿意让人看到自己的夜归早遁。随着社会形势的日趋紧张，这所家属院每晚10时便从里面扣上了门。于是我与妻约定，遇到我晚10时以后抵家，先按一定的节奏轻敲临街的破窗，然后妻给我小心翼翼地开启大门。

紧张的夏收开始了，我本来已经与妻说定，这一星期不回家了的。三天以后却又不放心起来，我想象着不远万里从北京随我来到新疆来到伊犁的妻，惊恐地注视着已被砸烂的窗，不得入梦辗转反侧的情景，一种说不清的柔情和歉疚感使我觉得哀痛。即使有被枪决之虞，在枪决之前，我还是要多回去几次陪伴她，我含泪下了决心。于是，这一天，在劳动完了，吃罢晚饭，夜 11 时半了，房东大娘已经为我准备了床铺之后，我突然说，我要回城里的家看看。

公路上已经没有一人一车，这使我反而感到自由，感到自己的强壮和“伟大”。我很满意于自己的决断力与想象力，还有勇气。生活锻炼了我，我虽写过几篇小说之类什么的，但我毕竟不是梦游式的或清谈式的文人。我一定会想方设法活下去，想方设法活得自由而且快乐。差不多夜里 1 点了。我回到了家，我的独有的敲窗曲——小夜曲（?）立刻得到了惊喜的妻的回应。

但是大门已经锁上了，而钥匙并不在这个院子里。这样的深夜去找钥匙开大门，“政治上”与技术上几乎都是不能允许的。

事情有点麻烦。隔着大门，听完妻子的述说，我觉出她已快哭出来了。

我分析情况，当机立断。大门下面，有一道缝，瘦削的我完全有可能爬进去，虽然不雅。自行车就没有办法了，只好锁起放在巷里，我们的窗下。

妻子对我的方案还在怀疑，我已开始了行动。一分钟后，浑身是土的笑嘻嘻的我已站在妻面前。我的表情甚至是得意洋洋的。

这也是胜利。我们都快活。

一小时后，我们刚刚睡下，窗下传来了人声。原来是几个汉、维同胞在研究我那辆破车。他们分析说，这辆车可能是小偷偷掉，用完，甩在这里的。

我连忙在窗内应声，说这是我的车。

"为什么扔在巷子里？"质问开始了。

我只好据实招来。

窗外安静了一会儿，他们改用维语小声计议，他们没想到我这个操着关内口音的汉人也懂维语。我听出他们是离我们这里不远的州法院的巡夜的。他们认为我的自行车摆在那里实在不成体统，孕育着危险（什么危险？我不明白。我那辆破车白给也不会有人要的）。但他们并没有顺藤摸瓜，借自行车的古怪对我进行进 步审查。谢谢了，性本善的人们。

于是他们用汉语对我说，车这样放着不好，他们要把它搬到法院院里去，明天早晨，我可以去法院取。

我表示完全同意。就这样，人车平安，皆大欢喜。

从此，这扇窗似乎变得更亲切了，还有点——妙不可言。后来玻璃终于换了好的。后来我们在窗上挂了洁白的窗帘。窗帘是一个维吾尔女工帮助做的，她用精致的挑花技术，使两片普通的白布幻化出迷人的花与月的图案。当然，这图案花是地地道道的维吾尔式的。

从此，不知就里的从巷子里路经我们的窗子的人认定这里住着维吾尔人。常常有寻找自己的亲友乃至来乞讨的维吾尔人敲我们的门——穆斯林对于乞讨者都是慷慨施舍的，据说"伊斯兰"一词便是"义务"的意思，而施舍与朝觐、封斋、祷告、牺牲一道，是伊斯兰教徒的必尽义务。当他们敲门之后，看到开门的人并不是维吾尔人，他们脸上常常显出迷惑不解的神气。

但我终于没有使他们完全失望。我尽量像一个土著维吾尔人一样地尽义务和说话。如果说我至今没有忘记维吾尔语，至少有一部分是这窗、这窗帘的"认同"作用的功劳。

虚掩的土屋小院

王蒙

用三块长短不一、薄厚不一的木板钉起的木门，当然更不曾油漆，也没有门槛，代替门框的是埋在土里的、摇摇晃晃的两根柱子，门上只有一条由三个椭圆形的铁环组成的铁链。当家中无人的时候，最后一个椭圆链环合套的右面木柱的铁鼻上，再挂上一个长长的铁锁。铁锁是老式的，在我年幼的时候，常常看到这种式样的长铜锁。开这种锁的钥匙实在太简单了，给我一根铁丝哪怕是一根木棍吧，我将在一分钟之内给您把锁打开。

　　据说从前有一个时候在伊犁农村连这样的由小小的铁匠炉土法打制的锁也没有人用。简朴的生活，简单得不能再简单的财产，稀少的人烟和罕见的、因而是高贵的过客，不发达的商品生产与商品交换，这一切都不产生使用锁的需要。农家院落里的果树上的果实吗？任君挑选。维吾尔、哈萨克人认为，支付给客人享用的一切，将双倍地从胡大那边得到报偿。客人从你的一株果树上吃了一百个苹果，那么这一株树明年会多结二百个——也许是一千个更大更甜更芳香的苹果。客人喝了你家的一碗牛奶，明天你的奶牛说不定会多出五碗奶。多么美丽的信念啊！

那个时候伊犁的农民也养鸡，但他们并不重视去捡拾鸡蛋（至今伊犁农民认为鸡蛋是热性的，吃多了会上火）。鸡都是自由地走来走去的，没有鸡窝。有时候一只母鸡许多天不见了，主人也顾不上去寻找它。一个月以后，突然，母鸡出现了，后面带着十几只叽叽的雏鸡，主人的孩子将先期发现这样的奇迹，欢呼着去报告自己的爹娘，而对于报告喜讯的人，按照维吾尔人的礼节，应该给以优厚的款待和报偿。

1965 年到 1971 年我生活过的这个伊犁维吾尔农家小院，位于乌（鲁木齐）伊（犁）公路（老线）一侧，每天车来人往，尘土飞扬。当然，那时候房东穆敏老爹和阿依穆罕大娘已经使用那把锈迹斑斑的锁了。然而，纯朴的古风毕竟没有完全灭绝，我们小院木门上的铁锁的最后一个椭圆上，经常挂着的是一把并未压下簧去的锁，就是说，这把锁仍然是象征主义而不是现实主义的。也有些时候，连象征主义的锁都不用，最后一个椭圆上的铁鼻里，插着的是随手捡起的一块木片乃至一根草棍。到这时，连象征都没有了，只剩下超现实、形而上的符号逻辑了。

1971 年，我离开这里不久以后，先是公路改了线，为了安全也为了取直，路不从村中经过了，小院马上变得安静起来。紧接着，小院拆毁了，按照建设规划，这里应该修一条路。现时，这条路已经修好了，一条乡村的土路，然而是笔直的，通过田野，通过小麦、玉米、胡麻、油菜、苜蓿、豌豆和蚕豆，越过一道又一道的灌水渠，路两旁是田间的防护林带，参天的青杨，青杨上栖息着许多吱吱喳喳的鸟雀。当人们走过这条安谧的田间土路的时候，将不会再想起，这里本来是一个不大上锁的农家院落。

房东大娘名叫阿依穆罕，1965 年我住进她家的时候她已经头发白了一大半，满脸而且满手的皱纹。然而，她还有很好的、我要说是少女一样的身材，苗条、修长、灵活。她的皮肤白里透着一点粉红，瓜子脸，大眼睛，细长的眉毛，任何人都会不由自主地想到她年轻时候的美丽。她的长相——后来我发现——是多么像中央电视台播放的英语讲座《跟我学》节目的解说人之一、澳大利亚的凯瑟琳·弗劳尔啊！每逢我观看《跟我学》这个有趣的节目的时候，我都忍不住要想起阿依穆罕来，我以为我活脱看到了阿依穆罕年轻时候的形象。

她最大的爱好大概就是喝茶了，湖南出的那种茯茶，我要说她是像煎中药那样地使用的。1966 年 5 月，我来到他们家将近一年了。 天中午，我们一起在枝叶扶疏、阳光摇曳的苹果树下喝奶茶。把干馕泡在奶茶里，这就是一顿饭。经过多日的训练，我已经能够喝下两大碗（每碗可盛水一公斤半）奶茶，对于外来户来说，这是相当可观的“海量”。喝罢三公斤奶茶并吞咽下相应的馕饼以后，我感到了满足也感到了疲倦，便走进我住的那间不足四平方米的小土屋，躺在从伊宁市汉人街用十一块钱的代价买来的一条毡子上打盹。迷糊了大约有三刻钟，我起身去劳动。出门以前，看到阿依穆罕仍然坐在二秋子（当地苹果的一个品种）树下喝奶茶，她的对面坐着邻居女人库瓦汗，她是一个铁匠的妻子，年龄比阿依穆罕小个两三岁。她们常在一起说闲话，互通有无，谁做了什么好饭，一定要给对方端一盘或一碗去。我不知道库瓦汗的到来，看来，刚刚过去的三刻钟里，我还真的打了个盹。

这天下午是在离这个院——我的"家"不远的大片麦田里打埂子准备浇水。新疆的农田浇灌，与内地做法完全不同，这里有一种特殊的粗犷的办法。这里的渠水很大，浇起来浩浩荡荡，所以从来不打畦，也没有垄沟。一块农田，小则五亩六亩，大则十几亩二十亩，就靠一渠水大水漫灌。有经验的农民，把地势看好，然后一是确定在哪几个地方开口子，先后有一定的顺序，二是确定在田里哪几个地方打几道土埂子。水有水路，地有地形，从某一个地方开了口子，大水哗哗流进，必然分成几路向低处流去，土埂子恰好就要打在这几路水的必经之路上，前进的大水受到埂子的阻挡之后，必然再次分化，同样，依据地势和水量，其分化路线也是可以预见的，再有几个小埂子一挡……如此，塞而流之，堵而分之，疏而导之，高低不平的田地竟然都能上水，我这个内地的城里人，也委实为之叹为观止了。

不过1966年5月我对这套无畦无垄大水漫灌法还全无了解，虽说是依样画葫芦跟着老社员干，但对为什么要打埂子，挑什么地方打埂子一窍不通，到了地里抓耳挠腮，莫名其妙，愣愣磕磕，木瓜一般。再说，我用不好砍土镘，我用使镢头的办法弯腰撅腚抡砍土镘，角度不对，事倍功半，气喘吁吁，汗流浃背，收效甚微，羞愧难当，深感知识分子改造之必要与艰难。

领导我们干活的便是房东老爹穆敏。说是老爹，其实他才五十几岁，身材矮小，双目有神，长须长眉，有德高望重的长者之风。而当时的我，不过才 31 岁，尊称他一声老爹，是适合的。

穆敏对我从来是带着笑容的，但他有一个毛病，带领一批人干活时，他只顾埋头自己干，不管别人，对于我在打埂子中犯难的情形不闻不问。其他几个人也都是闷头干的老头儿……受累并不可怕，就怕干这种不得其门而入的瞎活，那个下午，我算是受了洋罪。

一个半小时过去了，又半个小时过去了，我如热锅上的蚂蚁，只盼着穆敏老爹叫歇，偏偏他就是不叫。有几个老头也向他吆喝了，他点点头，仍然没有叫歇的意思。要是别人，干一个小时就会叫歇，一下午至少要歇两次，我们的这位老爹干活可真积极呀！我已经有点埋怨他了。

终于，人们不等他发话，先后自动停止了手底下的活，把砍土镘立在地里，坐在渠埂上吸烟。穆敏老爹也笑嘻嘻地停止劳动休息了，他不抽烟，只是用袖口揩着额头的汗。我学着用报纸纸条卷烟，用口水粘烟，但卷不紧也粘不牢，点火吸了两口以后，弄得满嘴莫合烟末子，又麻又辣，吐又吐不净。我想起这里离"家"很近，干脆回去漱漱口，喝碗水，倒也能清爽清爽——这就是在家门口干活的好处了。

沿着田边一条满是牲畜粪便的土路走了几步，越过一条干涸了的灌渠，再越过公路，拐一个弯，便是我们的小院。推开三块木板钉成的门，我走进院里，不由一怔。原来，阿依穆罕大娘仍然坐在枝叶扶疏的苹果树下，她的对面仍然坐着邻居女人、皮肤黧黑的库瓦汗。她们的侧面，则坐着住在一墙之隔的大院子里的桑妮亚，桑妮亚是阿依穆罕的继女，相当年轻漂亮，已经有五个孩子，由于孩子的拖累，又由于她有一个精明强悍，会做成衣、会修皮靴、会做饭、能抓钱的丈夫达乌德，她是从不出工下田的。

经过了至少半分钟的思忖以后我才对这个场面做出了判断：原来房东大娘从中午开始喝的这次奶茶仍在继续进行！锅灶也扒出了许多灰，显然又烧了不止一大锅水，挂在木柱上的茶叶口袋，中午我们一起喝茶时还是凸的，现在已经是瘪瘪的了。摆在树下的小炕桌上铺着的桌布（饭单）里放着两张大馕一摞小馕的，现在已经掰得七零八落，所剩无几。天啊，这几个维吾尔女人，其中特别是我的房东阿依穆罕大娘可真能喝茶！如果不是亲眼看到我都不能相信，简直能喝干伊犁河！我在书上看到过古人的"彻夜饮"，那是说的喝酒，而且只见如此记载，未见其真实生活。今天，我却看见了"彻日饮"茶！

"请过来，请到桌子这边来，请喝茶！"她们热情地邀请我。我本来是想喝点清水的，因为奶茶太咸又有油，但既然她们盛情相邀，便过去喝了一碗，只喝得浑身透汗，神提目明。我心想，盛春之际，树下畅饮砖茶奶茶，确是边疆兄弟民族农家的人生一乐！

晚上下工以后，大娘宣布，由于没买着肉，不做饭了。伊犁维吾尔人的习惯，吃面条、抓饭、馄饨、饺子、面片之类，叫做"饭"，吃馕喝茶虽然也可充饥，却不算吃饭，只算"饮茶"。这个晚上，又是奶茶与馕。我认为，经过一中午和一下午的"彻日饮"阿依穆罕可能喝不下去多少了，谁知道，她仍是一如既往地两大碗。

这还不算，饭后一个半小时，她还要再精心烧一小壶茶。这种睡前的清茶，有时加一点糖，有时就一点葡萄干或者小馕，边啜饮边谈话，与其说是一种物质的需要，不如说是一种精神的享受。阿依穆罕烧这种清茶的本事也是很高的，先在铁锅里烧半锅开水，把一撮湖南茯砖茶放到一个搪瓷缸子里，用葫芦瓢把开水舀入缸子，缸子放到柴灰余烬旁边。既不让水沸腾，又维持一个相当的温度，我想是90—95摄氏度左右吧，在这种情况下，还要掌握一个适宜的时间，大约10—20分钟，然后倒茶喝。看起来，这个工艺过程很简单，然而在新疆这么多年，我喝的砖茶可谓多矣，没有一处能把茶烧得像阿依穆罕大娘烧的那样好。我自己在家里也烧茯茶，尽量按照我观察学来的方法去做，也从来没有达到过同样的水平。

喝着清茶，我与房东二老轻松地谈着天，释却了一天的劳乏。阿依穆罕看着茶碗，不动声色地对穆敏老爹说：

"老头子，茶没了，该到供销社去买了！"

目光清明、声音清亮、个子矮小、胡须秀长的穆敏老爹叫了起来："胡大呀！这个老婆子简直成大傻郎了！一板子茶叶，两公斤，十天就喝完了！"穆敏说着话，太阳穴上的青筋蹦出来了，好像受到了突然的打击。他确实是在惊呼，然而满脸仍是笑容；他好像在着急，却仍然充满轻松；他好像在埋怨（甚至有点激昂慷慨），却又充满得意，也可以说是欣赏，或许是在炫耀。这一辈子我见到的各式各样的人的各式各样表情也多了，但是这种难以言传的"轻松愉快的着急"是只有穆敏老爹才有的。

"你才傻郎呢！"老太婆自言自语，口齿含糊不清，既不理直气壮，也并无愧色。她仍然什么人也不看地说："不是十天，是十二天。又不是我一个人喝的……反正你明天得给我拿茶来。"

"喂，老太婆，砖茶多少钱一公斤你知道不知道？茶叶是从老远老远的地方运来的，你知道不知道？你这样喝茶简直是……简直是喝毒药，你知道不知道？尤其尤其最重要的，我已经没有钱给你买茶叶了，你知道不知道？"老爹把声调提高了，眉头也皱起来了，说完，哈哈大笑。

阿依穆罕大娘一边拾掇茶碗饭单馕屑一边嘀嘀咕咕，我不知道，我不知道，我只知道喝茶。

"呜……呼"，老爹叹了口气，可怜的老太婆！然后他用命令的口吻说："给我两个小馕！"

"你……"老太婆抬起了头。

"今晚我要去伊犁河沿检查他们的夜班浇水！那个能说会道的马穆诗，只会开会的时候没完没了地给干部提意见，干起活来一点也不负责任……昨天晚上他们组浇水，他呼呼地睡大觉，包谷地里的水全跑了……要在旧社会，这样的人不饿死才怪！……"老爹恨恨地说。

穆敏是生产队的水利委员，而5月份，是昼夜浇水最紧张忙碌的月份，老爹夜间去巡查浇水的情况，是他这个水利委员份内的事，当然不足为奇，但他事先一点没有说要上夜班，故而阿依穆罕与我听了都一怔。

这也是穆敏老爹性格上的一个特点，他不喜欢预报自己的行动，当大娘问老爹第二天做什么的时候，他常给以的回答是："谁知道呢？"要不就是"让胡大来决定吧。"

老爹解开黑布褡膊，把两个小馕放好，再把褡膊围着腰系紧，临走出房门的时候，回首向老太婆一笑，老太婆跟了出去。我看看天时已晚，便铺床准备睡觉。谁知没过一分钟，听到院里一片喧嚷，劈哩扑通，老头喊，老婆叫。我连忙推门走出，只见房东二老正与他们的毛驴"战斗"。

穆敏老爹饲养和用以代步的是一条个儿虽不大但很结实，毛色棕褐的母驴。一个多月以前，母驴刚刚产了一驹，老爹已经好久没有骑用它了，今晚要用，母驴恋驹心切，不肯外出，只是随着老爹的紧抓着缰绳的手打转，嘴被勒得咧开了老大，显出粉红色的牙花和舌头，鼻孔大张，十分丑陋。老爹大喊大叫，脸红脖子粗，硬是指挥失灵。老太婆尖声斥骂母驴，照样无济于事。二老一驴，斗得难解难分。见此场面，我想帮忙又帮不上忙，想笑又不敢笑。母驴伸长了脖子，更激起了老爹的怒火，跳起来照着母驴就是一拳，用力一拉，估计使出了老大的力气，母驴跟着向外走了几步，老爹终于憋足了劲把驴拉到了门外的土台边（维吾尔农家门口大多砌这样一个土台，为骑马骑驴的人上下牲口之用，夏天，人们也可以坐在这里卖呆乘凉）。

穆敏老爹骑上驴，但母驴仍不肯走，在街心转着圆圈，任凭老爹拳打脚踢，就是不肯就范。最后还是阿依穆罕大娘，打开驴圈，把驴驹赶到大路上，果然，母驴精神抖擞地带着小驹子向庄子方向进发了。

这一夜我睡得很实，大概是白天盲目打埂的活儿把我累坏了。一觉醒来，茶已经烧好，老爹没有回来，我俨然是一家之主，坐在"正座"上喝了茶。不管喝茶还是吃饭，阿依穆罕大娘总是半侧着身坐在靠近锅灶、碗筷的地方；不论吃喝得多么简单，她都是盛好，恭恭敬敬地用双手端给老爹和我，吃完一碗，需要加茶或加饭时，也都由她代劳，她决不允许我们自己去拿碗拿勺。维吾尔家庭中男女的分工是非常明确的。

中午，阿依穆罕一反常例做了拉面条。她告诉我，她早晨在供销社门市部排了一个小时队，买了五角钱羊肉，她估计，老爹中午会回来，"老头子一定会给我带茶叶来的。"她笑眯眯，说起来挺得意。她还告诉我，在供销社排队买肉的时候，一位新迁来的社员对卖肉的屠夫说："你别给我这么多骨头，我要骨头少一点的。"屠夫回答说："骨头该多少就是多少。如果骨头少了，羊怎么立在地上，又怎么在地上走呢？"屠夫的回答使所有排队的人大笑。阿依穆罕大娘还告诉我，这位屠夫很有名，宰了一辈子羊了，他宰出来的肉又干净又好吃。我对这一说法提出了一点异议，我说，羊肉好吃不好吃，恐怕决定于羊本身，与谁宰没有什么关系。大娘打量了一下我，叹了口气，"哎，老王！您不懂，谁来宰，关系大着呢！比如×××，××××（她提了几个名字），就是肥肥的料羊（指用精饲料喂肥的羊），他们宰出来也是淡而无味呢！"

她的说法使我将信将疑。

大娘做好了菜，又做好了面剂子，然后烧开了一大铁锅水。水开以后，她把柴火略略往外扒一扒，走出院门站到街心眺望。她站了十几分钟，回来，打开盖锅的大木盖，看着水已经熬干了四分之一，便用大葫芦瓢舀上两瓢水，重新续柴火，把水烧滚沸，又往外扒拉扒拉火，走出门去迎接。如是搞了好几次，也没有把老爹等来，只是费了许多水又许多柴。我连忙拿起扁担去挑水。大娘的洋铁水桶，一个大，一个小，大娘的扁担是自制的，原是一个树棍子，圆里咕隆，中间拧了一道麻花，扁担钩子一端是铁匠炉打制的两环一钩，另一端是自己用老虎钳子折曲了的粗铅丝。挑起这两个空桶，走出去不到两步，扁担在肩上翻滚，水桶在扁担钩上荡来荡去，丁当作响，活像是闹了鬼。好在这种木桶比关内农村用的上下一般粗的铸铁桶小巧得多，装水也少得多，挑起来除了肩膀被挤得生疼以外，并不费什么力气。但挑回水来以后，看到大娘仍在顽强地从事着她那不断添柴添水，不断晾凉熬干的无效劳动，我忍不住进言道："等老爹回来再烧水不好吗？您看，您烧了好几锅水啦，老爹还没有影儿呢。也许，老爹不回来呢。"

"老头子是个急脾气，回来吃不上，要生气的。"大娘笑嘻嘻地说。

"可这样多费柴火呀！"我忍不住说，说完，又后悔了，本来应该是贫下中农对我进行勤俭节约的教育的，怎么我这样僭妄，竟然倒过来去"教育"起贫下中农来？

"柴火么，老头子会拿回来的，还有茶叶，还有钱，这都是老头子的事情。"阿依穆罕大娘笑得更开心了，她充满了信赖。

"可您怎么说老爹脾气急呢？我看他一点也不急呀！"

"当然啦，老王，他急。我们维吾尔人有句俗话，高个子气傻了眼，矮个子气断了魂。越是矮个子越爱生气……当然，他现在老了，和年轻时候不一样了。"

这天中午，老爹没有回来。

吃晚饭的时候老爹也没有回来。大娘又是烧开了水，走到小院外，站在街心，伫立着眺望通向庄子的那座架设在主干渠上的木桥。前前后后出去了好多次，加在一起站了足足有两个小时，烧干了一锅又一锅的水，耗费了一把又一把的柴。

快睡觉的时候，老爹回来了，他显得疲惫而又阴沉。大娘热情地向他说这问那，他一句话也没有，茶叶也没带回来，他也不做任何解释。大娘对他的这种表情好像很熟悉，便不说什么，默默地侍候他喝奶茶，并把中午剩的面条过了过热水，拌好，递给老爹。大娘也很沮丧，她不高兴时有一种特殊的表情，把上唇尤其是人中拉得很长，有时谈话当中做鬼脸时也是这样一种表情，这是我在汉人中间从没有看到过的。

遇到二老不愉快的时候，我常常觉得尴尬，举措无当，如芒刺在背。我和他们生活在一起，他们板着面孔，我不能板着面孔，我没有任何道理要板面孔啊！但我又不能在他们不快的时候若无其事地与他们说闲话，那样的话我未免太风凉、太轻松愉快、太不尊重与体贴人家。我谨慎地试探着与老爹说了两句不相干的话，"美国飞机又轰炸越南了。"我用我学得还不纯熟的维吾尔语，再加手势，再加汉语单词，吃力地表达着。对于他能否听懂，全无把握。"噢，太糟糕了。"老爹首肯着，向我礼貌地一笑，笑容旋即消失了。"北京，下了一场大雨，有的房顶子都漏雨了。"我又说。"噢，北京下雨了，好。"他的笑容更勉强了。

无话可说，我便睡下，等醒来，老爹已经走了。

"……老头子不放心，睡了一会儿就起身走了。"

"马穆特浇夜班，睡大觉，大水豁了口子，跑到伊犁河里，哇哟，哇耶……"大娘叹着气，哼哼唧唧，一脸的愁容，把情况告诉我。

"您的气色很不好，要不要到医院看看？"我问。

　　她吐着气"呜——呼",摇着头,"没有别的麻达(麻烦、问题),茶没了,老头子说给我买回来,可他空着手回来了,他在生气,可能是没能支上钱……没有茶,头疼,我要死了,要死……"她有气无力地呻吟着。

　　"您把购货本给我,我去买……"我自告奋勇。

　　"不,不,让你买得太多了,老头子知道了,会生气的。这个月可能就是不愿意让你给我买茶,老头子总是把购货本带在身上……"

　　无法,我又坐了下来,只能同情地、忧郁地说:"您真爱喝茶……"

　　我这句话好像触到了大娘的某一根神经,她的眼圈红了。她说:"我没有爸爸了。我没有妈妈了。我也没有孩子了,胡大不给。我生的六个孩子,全都死光了。我15岁那年嫁给艾则孜依麻穆(伊斯兰教《可兰经》诵经领诵者),我给他生了四个孩子,三个男孩,一个女孩。第二个男孩长到了4岁,他的爸爸给他做了一个小石滚子,一副小套绳,还有拥脖(套包子),他把拥脖放到我们的一只黑猫的脖子上,啊,那真是一只大黑猫,简直像一条狗。我的儿子每天赶着猫拉石滚子,在院子里'轧麦场'……我的儿子长得真好看,他多有本事啊,不到1岁就生吃了一头皮牙孜(葱头),到4岁的时候他都会写字,会写名字,会念'拉衣拉赫衣,衣拉拉赫衣……'(经文起始句)了……"

　　阿依穆罕大娘的故事我已经听她说过几次了,但是,一遇到砖茶断绝供应的时候，她就要回顾这一段。也许，回顾和叙述自己的痛苦，其味也如饮苦茶吧？

"可那一年流行瘟疫，我爸爸，我妈妈，我的两个姐姐，我的丈夫和我的小儿子……都死了，胡大把他们的命收回去了，我们又能说什么呢？老王！"

"如果医疗条件好一点……"我小心地说。

"也许……那时候伊犁也有医院……我的孩子陆续死光了，只剩下了桑妮亚。桑妮亚是艾则孜哥的前妻生的。我嫁给艾则孜哥的时候她才1岁，然后我成了桑妮亚的妈妈，我给她做饭，我哄她睡觉，我抱着她……"

大娘的回忆充满感伤，我也感动了。只是有一点，她和她的继女桑妮亚的年龄我怎么也算不对。如果阿依穆罕是15岁结的婚而当时桑妮亚1岁的话，那么阿依穆罕比桑妮亚大14岁。如今，桑妮亚自称是33岁，那么阿依穆罕只有47岁，显然不太对头，桑妮亚已经有五个孩子了，但长得结实、苗条、不显老，她很可能少说了两岁，比如，她可能是35岁。阿依穆罕大娘呢，也说不定记错了自己结婚时的年龄，恐怕也还要加上两三岁。那么，她不仅是超过了49岁，说不定是53岁左右了。

"……直到土改以后我才和穆敏结了婚。艾则孜哥死了以后，为了将桑妮亚抚养大，我守了十几年的寡。土改那年，我先把她嫁了出去，我把艾则孜哥留给我的产业差不多全给了她，只留下了这个小院和这一间小房，这原来只是大院的一角。你住的那间小贮藏室是穆敏后来盖的。我本来不想再结婚的，乡长和工作队长都来说合。我知道穆敏是个好人，他下苦（扛长活）几十年，又整整当了七年民族军的兵，房无一间，地无一垄，他没结过婚。他不愿意别人说他沾了女人前夫的光。"

于是我明白了为什么桑妮亚家是那样的高房大院，而穆敏老爹这里是这样寒酸。

"……我与穆敏结婚以后，又生过两个孩子，"阿依穆罕继续说："我不是不生孩子的女人，我生过，我有过，"阿依穆罕的声音激动得颤抖，眼里充满了泪水："两个都是儿子，头一个出世三天就去了，死得像只小猫。第二个孩子长到了1岁半，他会叫大大和阿帕（妈妈）了。我是生过六个孩子的母亲，但是现在，我生活着，像一个不会生孩子的人，那些不生孩子的女人，人们都讨厌，我自己也讨厌……"

"也不能这么说……"我无力地劝慰着。

"不，我不这么说，唉，老王，我从来没有这样说，命是胡大给的，胡大没让他们留下，我们又说什么呢？这不是，我没有爸爸，我没有妈妈，我没有孩子，可是我有茶。穆敏总是给我买茶，不管他怎么发脾气，骂我，嫌我茶喝得太多，他一定会给我买茶来的……而且现在有了您，您也给我买过好几次茶了……"说着，她宽慰地笑了。

阿依穆罕的信赖是没有错的，她对穆敏的信任使我这个旁观者也感到温暖。这天半夜穆敏回来的时候带着半板子茯茶。

他仍然是半夜来，天亮前走的，我睡得死，既不知道他来，也不知道他走。只见到第二天阿依穆罕眉开眼笑地大把抓着茶叶煮。这天的茶我觉得特别有味，虽然我不理解茯茶怎么可能弥补父、母、孩子都不在了所留下的空白。

在这个繁忙的暮春和初夏里，穆敏老爹每天没日没夜地操持着队里全部农田的浇灌工作，有时一连几天见不着他，有时他回来睡上两三个小时，吃上一顿饭，匆匆又走了。我问他："您的睡眠不足啊，老这样下去，怎么行呢？"

他笑一笑说："人就是这样子，愈睡，就愈松松垮垮。从小，爸爸是不让我睡多了的，每天天不亮，在我睡得最香的时候，爸爸就要把我叫醒。这样，就惯了，我从来不睡得太多。"

他又补充说："对于我们农民来说，对于我们浇水的人来说，夏天，在哪里不能睡觉呢？有时候我靠着墙坐着，坐着坐着就睡着了，这就是一觉，马就是这个样子的。老王，你可曾看见过马躺在地上睡觉？马不是小猫，它从来不会盘成一团，卧在火炉旁。一匹老马，站在那里，忽然闭了闭眼，又睁开了，这就算是睡觉了，这就是睡了一觉啊！"

我点点头，他的关于老马和小猫的比喻，使我悚然心动，而且带着惭愧。

然后是夏收大忙季节，然后是给麦茬地普遍浇一次水和伏耕，据说经过保墒晒土的伏耕以后，土地的肥力会大大提高。然后是玉米授粉期的灌溉。然后是苹果熟了，哈密瓜熟了，西瓜熟了，大家到果园吃果，到瓜地吃瓜，记上块儿八毛的账，把一麻袋一麻袋的瓜果运到家。

老爹忽然不上工了，他说是要脱土坯、挖菜窖、修厕所，搞几天家务。但一连三天过去了，他一动也不动。他说要休息，但既不进城（伊宁市）游玩，也不在家睡觉，每天只是从早到晚坐在三块板钉起的院门前的土台上，呆呆地看着过往的车辆和行人。他的表情是忧郁的，遇到别人和他打招呼，他谦卑地短促地一笑，但那笑容挺苦，叫人觉得难受，就连说话，他也是懒洋洋的。

"老头子没有精神。"阿依穆罕告诉我说。

"没精神"这句话在维吾尔语里可以当生病解，也可以只是当作不振作解。我便关切地问候老爹："您是生病了吗？要不要去卫生院看看？"

穆敏似乎不太高兴，他说："动不动就说病吗？坐上一会儿就是生病吗？"

我抱歉地笑着说："那最好，没有病最好。"

他好像也意识到刚才的不快并没有多少道理，转过身来，向我解释说："人的精神嘛，一天会是好几样，一年会是好几样，一生嘛，更是一个样子又一个样子。这几天，我只觉得我非常懒散，松松垮垮。"

"那您好好休息一下吧。"

"这不干休息的事，每年我都要这样的，我在想，我想啊，想啊……"

"您想什么？您有什么发愁的事吗？"

他犹豫了一下，好像在考虑该不该告诉我，然后他严肃地说："我在想死。"

我吓了一跳，连忙问："您在想死，您想死做什么？"

他悲哀地笑了，"小时候大人告诉我的，清真寺里的阿訇告诉我的，如果我们是好人，我们每天都应该想五遍死。做五次祈祷，就想五次死，夜间，更应该多多地想到死。"

"为什么呢？"我惊异地问。

"唉，老王，亏您还是个知识分子！"他遗憾地摇摇头，"人应该时时想到死，这样，他就会心存恐惧，不去做那些坏事，只做好事，走正道，不走歪道。难道您不明白吗？难道您就没有想到过死吗？"

"很少想，"我摇摇头，"但我也不愿意做坏事。"我又补充说。

老爹浅浅地一笑，和解地说："当然，你们是汉族，你们不是伊斯兰教徒。"

第四天，老爹仍旧没有去上工。阿依穆罕催促说，即使他既不去上工又不去脱土坯，他至少应该赶着毛驴去麦场，驮两口袋麦草回来。库瓦汗家已经卸了一车麦草了，而老爹还没弄回一根麦草来。

阿依穆罕讲得入情入理，要求又不高，老爹笑嘻嘻地答应了。当他在驴背上放了两条带补丁的空麻袋和一根长绳，赶着驴出门的时候，我感觉他的情绪似乎好了一些。

老爹一走去了五个小时,过了午饭时间很久才回来,回来的时候他面色红润,气喘吁吁,两只眼睛瞪得又圆又亮又大,说话声音洪亮,与前几天那种痴呆抑郁的样子判若两人。"怎么弄两麻袋麦草就用了这么长时间?"老太婆边埋怨,边质问着:"我们烧开了茶,等着你,等了一个多小时,瞧,把老王都饿坏了!"

"我和人吵架了。"老爹笑嘻嘻地说,他把眼睛一眨一眨,包含着四分惭愧,六分得意。"我走小路去庄子的麦场,正碰到我们的前科长、玛依努尔的爸爸在打院墙,我发现他的院墙侵占了道路,比原来的院墙往外扩展了十五厘米,我给他提出意见,他不但不接受,反而骂我。"说到这里,他皱了皱眉头。

"什么,他骂你?"老太婆马上扬起眉毛,一副同仇敌忾的神气。

"我和他吵了起来……我叫来了许多人……大家都批评他不对,支持我……后来,当着大家的面,也当着'科长'的面,我抄起一把砍土镘,把他已经打起来了的墙根,全给他拆了……"

"傻郎……管那么多……"老太婆拉了拉上唇,转而批评起穆敏老爹来了。

"什么?你想想,不管怎么行呢?这个世界上的一切人和一切事,都要有人管呢!如果没有人管,人们会走到什么道路上去呢?事情会办成什么样子呢?所以要有政府,所以要有党。党每天都教育我们,教育了十几年了,'科长'还是这样自私自利，如果不教育了，那还怎么得了！"

"哼……和'科长'吵架吵了五个小时？"老太婆并不想与穆敏辩论，便提出了新的疑问。

穆敏轻轻一笑："我帮着场上的人装车来着。"

"装车？"老太婆惊呼了一声："你不是接连几天没精神吗？"

"谁知道。反正扛起麻袋来，似乎精神好了一点。"

"场上有场上的人嘛，你去扛什么麻袋！"

"几个年轻男女在一起，打打闹闹，叽叽嘎嘎，不好好干活。粮站的卡车开到了场上，硬是磨磨蹭蹭，不快快地给人家装车。我看不过去，便去扛麻袋。"

"可你今天是歇工的啊！这工分怎么算呢？"

"工分有什么用？这不是我拿回麦草来了么？这就是工分啊！"

"你不扛麻袋，不是照样可以拿麦草吗？"

"噢，你不出工，也不开会，你简直什么也不懂。你去拿麦草，你能到那里拿起麦草就走吗？歇工，你也是社员呀！我还是老农，是委员……"

"真积极……"老太婆咕哝了一句，不再吭声了。

这天晚上，新华社新疆分社驻伊犁记者站的一位同志到毛拉圩孜公社来看我，在这样的年月能有人来看我，我是很感激的。

这位记者同志带着一台牡丹牌小型半导体收音机。1966年夏天，伊犁地区还很少有半导体收音机，我们公社更是从来没见过。当喝过晚上的那次清茶,把"牡丹牌"放在小小的炕桌上,对准新疆的维语台,放送出维吾尔语的新闻和音乐节目的时候,穆敏老爹和阿依穆罕大娘都惊呆了,四只眼睛都瞪得圆圆的,屏住了呼吸,看看"牡丹牌"又看看我,再看看那位身材瘦高的记者同志,显然,他们激动得说不出话来。

"帕夏依仙!"老太婆喊了起来,收音机开始播放帕夏依仙的歌曲,帕夏依仙是著名女声歌唱家,她是原水定县人,离伊犁四十多公里。

"可这里……没有电线,没有电呀,它怎么出的声音?"老爹颤抖着声音问。

"有电池。"我回答。

"可电线呢?没有线,声音是从哪里来的呢?"

这个问题把我绕住了。看来,老爹是依据对于有线广播的理解来理解晶体管收音机了。我应该告诉他,在无线电收音机里,电线只起着接通电源、提供能量的作用,因此用电池的直流电同样可以起这样的作用,而转换成声波的天线电磁波,并不需要借助电线的传导,便可以自天而降到我们这个不需要上锁的小院里。但是,我完全不掌握物理学、无线电方面的维语词汇,何况我对收音机、广播的知识也是一知半解,所以我虽然结结巴巴说了半天,大概没有一个人能听懂我的话。

我的记者朋友虽然不懂维语,但从我们的表情和手势上也大致知道了谈话的内容,他便把半导体翻转过来,然后把收音机背面的塑料壳子取了下来,这样,四节二号电池、密密麻麻的各种颜色的元件和线路，以及小小的银灰色扬声器，都暴露在房东二老面前。

"斯——大！（啊哟）真有本事！真能干！这人的本事简直和胡大一样大！"两个人异口同声地赞叹，好像在他们面前不是打开了一台收音机，而是打开了一个活人脑壳。他们并且问："这是上海出产的吧？"

"上海，当然是上海。"我回答说。伊犁人对上海是很崇拜的。当我在伊犁河谷农村生活了一年多以后，提起上海，我也有一种由衷的景慕向往之情，我们不约而同地提到上海，表达了这种共同的对于工业文明的敬意。其实，很快我就发现，我搞错了，牡丹牌晶体管收音机并非制造于上海，而是产自北京。但我始终没有更正。为什么呢？也许我直觉地认为，在伊犁，把上海抬得高高的，是一件好事吧？

我的记者朋友走了以后，我连打了几个哈欠。能吃能睡能劳动的"三能"方针，对于下乡锻炼改造的人们来说，不失为一个正确的方针。我的哈欠传染给了大娘，她也捂住嘴打起哈欠来。但是穆敏老爹兴奋万分，他的眼睛比平日睁得大了许多，他不准大娘把炕桌收走铺褥放枕，而且下令大娘再烧一壶茶，"我有话要和老王谈。"老爹说。

"傻郎，这么晚了还烧什么茶！"大娘自言自语地咕哝着，做着鬼脸，但还是遵命去办。

我等着穆敏说话，穆敏却不言语。他紧皱着双眉，显得眉骨更加突出，眼窝更深，他似乎陷入了严峻而又苦恼的思索之中。

他的表情使我为之一震，他究竟要和我谈什么非同小可的话题呢？我的睡意全消了。

他几次要说话，几次又把话咽了回去，如是过了大约五分钟，他说："你请听着，老王，像半导体收音机这种东西，它的制作方法是写在书上的，对吧？"

我不知所云地点了点头。

他有点兴奋："是的，阿訇们早就讲过的，世界万物，飞机大炮、轮船火车、机床高炉……一切种种，都是写在书上的，你找到了书，按书上写的办法去做，就什么都造出来了。"

"什么书？书是人写的，是科学家、技术员、工人根据自己的经验写的呀！"

"不，不，不，老王，你不懂。"老爹笑起来了，似乎发现了我的无知并确证了他的信念的正确："那科学家、技术员他们读的书又是哪里来的呢？经验？难道凭经验可以造出半导体收音机来？帕夏依仙在乌鲁木齐唱歌，你在伊犁就能听见，谁有这样的经验？"

"科学家们读的书，是前辈科学家们写的呀！再说，经验是慢慢积累，慢慢提高的呀！"谈这么深奥的问题，我的维文词汇不够用，便结结巴巴起来，穆敏老爹似乎认为我的结结巴巴是理亏的表现，是他的理论已经把我击败的证明，他高兴地捋着胡子笑了起来，眼珠一闪一闪：

"所有的书，都要有所本嘛！这本书就是《可兰经》！"

"《可兰经》上可并没有写怎样造收音机!"我尖锐地指出。

"圣人们在修《可兰经》的时候也写下了如何制造万物的书,这些书有的藏入了山洞,有的沉入了海底,人们陆陆续续地发现了这些书,便造出了万物,难道不是这样吗?老王!"

"纯粹是一派胡言,骗人的鬼话!"我喊了起来,老爹的"理论"是这样荒唐而且恶劣,而他的态度又是那样傲慢,还有我的不听话的舌头和捉襟见肘的维语,使我激怒了:"您知道什么叫科学?什么叫技术?什么叫文明?什么叫历史?如果这一切都现成地写在书上,还要科学家干什么?还要美国的爱迪生、法国的居里夫人、英国的瓦特、俄国的罗蒙诺索夫干什么?他们是怎样进行科学研究和发明创造的,您知道吗?如果书是藏在山洞海底的,那么应该是一些猎人、渔人、探险家、登山运动员去当发明家和科学家了,然而,又有哪个人打猎打成了发明家呢?如果是阿訇们所说的圣人留下了这样的书,为什么不把这些书留给清教徒——穆斯林呢?现代,恰恰是伊斯兰世界科学技术相当落后,难道是伊斯兰教的圣人偏心眼儿,不把科学技术留给自己的信徒,却偏偏留给卡伯尔——异教徒吗?"

估计我的话老爹最多听懂百分之四十,老太婆大概只能听懂百分之一、二、三,但老爹显然已经被我的雄辩所压倒,他目光暗淡地垂下了头,而且重复着我所说的"法国、英国、美国、俄罗斯",看来我抬出的这四大国比他的阿訇厉害得多,我举出的爱迪生、居里夫人、瓦特和罗蒙诺索夫,也比他所说的"圣人"更切实具体，他的表情是慌乱和惶惑的。

阿依穆罕大娘和解地说："对嘛，对嘛，老王说得对嘛，他说什么来着？法国？法国比南疆还远吧？法国的科学技术好得很哪！"

老爹没有言语，他调整了一下自己的情绪，依然是含笑的、从容不迫的和胸有成竹的了。他说："您说的那些国家，就是欧罗巴吧。听说欧罗巴的科学和技术是很先进的，比苏联还先进。"

我正考虑着怎么解释清楚有关几大洲和几大国的地理概念，只见老太婆向老爹挤了挤眼，并且插嘴说："还是我们的中国好！我们中国的科学技术也愈来愈进步了！我们比欧罗巴好！也比苏联赫鲁晓夫好！再有就是斯大林好！当然，毛主席最伟大，最好！"

原来阿依穆罕的政治警惕性还是很高的，她的插话不仅对于老爹是必要的，我听了以后也觉得踏实了些。当然，我们都是爱国主义者，我们对于世界科技发展的讨论是以牢固的爱国主义信念为前提的，阿依穆罕的补充非常及时，非常重要，我连忙点头称是。

这一晚上我们讨论了许多问题，关于世界政治形势，关于越南战争和中东战争，关于塑料是用什么做的，关于火车是什么样子与为什么火车能拉那么多东西，关于广播、电视、电报和电话，关于熊猫、大象、犀牛和金丝猴，关于黄金究竟有什么用和为什么值那么多钱……老爹的求知欲和对待知识的严肃思考令我大为吃惊。当我的回答所提供的信息与他过去所持的观念乃至思想体系相左的时候，他认真地、可以说是苦苦地惦量着，思索着，非要弄出个究竟来不可。阿依穆罕大娘坐在旁边，最初还搭讪几句，慢慢她睡着了，灰白的头发垂到了眼睛上，但老爹仍然兴致勃勃。我几次劝老爹睡觉，并指出大娘已经睡着了，但老爹不以为意。终于，我再也坚持不住了，站了起来，老爹也长叹一声，叹道："世界上的事。太麻烦了！……"他叫醒阿依穆罕，斩钉截铁地宣布："今年秋后决算以后，我们要买一台半导体收音机！让老王帮我们挑选。你说对吗？老婆子？"

阿依穆罕睡眼惺忪地咕哝道："哪里来的那么多钱？空话。"

"不，我们一定要买，坚决，绝对，非买不可！"然后他转头向我再次宣布："我要买一台半导体收音机！您听见了吗？"

"当然，一定的。"我完全同意。

"老王，您今夜就睡在我们这间屋子里吧，不必回那间小土房去了。"老爹又说。

这一夜的睡眠是不安的，半导体收音机似乎把一股热浪带入了这个简陋的小院，这间歪歪斜斜的土房子里。夜半，载重卡车从院门前公路上驶过，马达声突突，车轮轧过地面发出闷雷般的响声，整个土屋和小小的窗户都随着颤抖，遥想那养鸡而不捡蛋的日子，毕竟是一去不复返的旧话了。

凌晨时分我睡得正香，依稀听到院外有人叫："穆敏哥，穆敏哥！”然后是一连串响动，我想睁眼，却睁不开。

醒后才知道，住在大队部后院的一个叫做奥布尔的农民死了。奥布尔正当壮年，不过 50 岁上下，浑身漆黑如炭，素以强壮、能干著名。他有个小儿子，也是黑黑的，聪明伶俐，会说汉语，还认一点汉字。说是他昨夜一阵心口疼，儿子给他套了驴车，准备送他去医院，没等抬上驴车，他就断了气。

穆敏老爹是全村著名的行为端正、奉公守法、热心公益，同时恪守伊斯兰教的戒规的德高望重人物之一。全村只要有丧事，都来找他，他也特别热心地去帮忙，甘尽义务。洗尸、裹白布、诵经、作乃孜尔（祝祷的一种），直至送葬，老爹面容严肃地忙活了好几天。“人嘛，人啊！”这几天，他沉默寡言，只是偶尔发出关于“人”的叹息，远在“人啊，人”、“啊，人”之类的短语风行之前。

秋后决算的季节来到了，老爹没有再提买半导体收音机的事。

“文化大革命”的狂涛已经波及了伊犁，波及了我们公社。看到公社党委书记被揪出来，大队支部书记被封为“资反路线”的执行者，一些原来的二流子、无赖、调皮捣蛋鬼活跃异常，老爹非常反感。他问：“这个世界就没有人做主了么？好好的一件东西，硬往上面啐口水，抹锈斑，这就叫‘造反有理’么？不，我不批判我们的党委书记，我们的书记在我生病的时候还来看望过我呢，他好比是我们的大大……是的，老王您看吧，这些打人骂人造反有理的人早晚会没有理的，他们会受到惩罚，他们终于会认识到，这个世界，这个新疆，这个伊犁和这个公社是有人做主的，是不能胡做非为的。"

我摇摇头，我觉得老爹说得太简单也太常规，而我们的生活，我们的政治局势，是很难用简单的常规来判断的。

1966 年这一年伊犁风调雨顺，不但水田里的冬麦打得多，山坡地旱田里的春麦也一车又一车地拉不完。种旱田春麦本来是撞大运的事，有时候颗粒无收，有时候只收回种子，但 1966 年这一年的旱田麦子，据老年人说收成创造了三十年以来的最高纪录。我们收完了以后，不知从哪里来了那么多各族同胞，都是些"自流人员"吧，汉族人是从关内"自流"来新疆的，维吾尔人是从南疆"自流"来伊犁的。他们到山上去捡拾丢在地里的麦穗，一麻袋又一麻袋地扛下山去了。再说伊犁人欢迎春麦胜于冬麦，春麦磨出的面有劲，做拉面条又细又长又好吃。

这一年的玉米也特别好。豌豆、蚕豆、菜籽、胡麻，少量皮棉和收麦后复播的糜子，产量都超过了预计。

然而丰产没有得到丰收。"文化大革命"的一个又一个使人心惊肉跳的消息从玉门关的那一面，从自治区的首府传过来，"天下大乱"作为执政的党的政治口号不但被提出了而且被实践着。一直到 11 月份落了雪，冬麦和春麦仍然有一部分堆在场上。冬天日照不足，无法晒场，只好让冰雪把麦堆封起来，说是等待第二年 4 月解冻地干以后再继续打麦。春天继续打头一年的麦子，这在内地确也算是天方夜谭。连绵的秋雨以后大量麦子生了芽，这一年冬天整个伊犁，包括伊宁市的商品粮供应的全是芽麦磨的面，黏黏糊糊，馒头蒸两个小时仍然粘牙。

玉米也是一塌糊涂。我们队的队长还算不错，干脆把潮湿的、没有脱粒的棒子过一过毛重分给大家，要求各户用自己的热炕把玉米棒子烤干，按有利于社员个人的折算比例把连骨玉米折合成玉米粒，扣掉口粮，余下来的缴还队上，并根据你干燥、脱粒的劳动量给记上一定的工分。这一冬，我和房东二老，一有空就用两个棒子互相搓着脱粒，倒也别有一番乐趣，填补了农村冬日长夜的空虚。

收获搞得这样混乱，决算也就可想而知。特大丰收的1966 年，给社员进行年终分配的时候却大大低于 1965 年的水平。这时传来上级的一个美好的指示，1966 年的年终分配，一定不准少于 1965 年的数字，否则，就是抵制破坏"文化大革命"。

你"一定不准"也罢，"杀无赦"也罢，反正就那么点钱。但农村干部对执行这一类指示也早有经验，找了一些高明的人拨拉算盘，改变了一些统计、计算百分比、计算劳动日平均值的办法，最后三算两算，1966 年的分配比 1965 年果然不但没有降低，而且提高了。

但老爹只分到了八十块钱，头一年是一百一十块，究竟是八十块钱多还是一百一十块钱多呢？这个不成问题的问题使穆敏老爹感到困惑，当我们在北风呼啸的夜晚共同在热炕头上搓棒子粒的时候，闲谈到了这个事情。阿依穆罕大娘照例做了一个特有的鬼脸，咕哝道：

"硬说分八十块钱比分一百一十块钱多，骗3岁的孩子去！"

穆敏老爹笑眯眯地劝慰老太婆："不要这样说嘛，请您不要这样说！"接着，他提出了一个奇怪的"相对论"的事例。

他说："从前有一个小孩子去买骆驼，他问骆驼贩子：'一峰骆驼多少钱啊？'回答是'二十块钱。''大大，大大，我们买一峰骆驼吧，只要花二十块钱。'他对他爸爸说。'不，太贵了，我们不买。'他爸爸说。第二年，骆驼贩子又拉着骆驼经过他们家门口，'好孩子，去问问卖骆驼的大哥，一峰骆驼要多少钱。'孩子问了，生着气跑回来，'大大，大大，大哥说一峰骆驼要一百块钱。''啊，真便宜呀，快叫住卖骆驼的大哥，我要买一峰骆驼。''大大，大大，去年一峰骆驼要二十块钱，您说是太贵了。今年呢，一百块钱了，您却说真便宜，这是怎么回事呢？'孩子问。孩子的父亲捋着胡须回答说：'噢，我的亲爱的好孩子，去年我没有钱，二十块钱也是太多了。今年我有了钱，一百块钱也算不了什么。你明白了吗？'"穆敏老爹讲完这个故事，得意地看看老太婆，又看看我，似乎在测验我们的理解力与想象力。

阿依穆罕大娘好像没有听进去，她务实地念叨着："你的棉衣要买新的了，我的皮靴也坏了，我们说好的明年要盖房，打馕的土炉老是掉土，也该换新的了……劳动了一年只有八十块钱……"

我一下子摸不透老爹的相对论故事与我们生产队贯彻上级提高分配的美好指示之间的逻辑关系，但我隐隐直觉地品出来一点味儿，一点无可奈何的却又是宽容豁达的幽默感。我不由得笑了。

我的笑声似乎证明了老爹讲了半天并非对牛弹琴，他满意地唤着我的名字，哈哈地笑了。

当然，这样"提高"了的年终分配，也就不大能够提供购买晶体管收音机的刺激。老爹似乎忘记了夏天购买这种收音机的钢铁决心。我想，老爹的买骆驼的故事，同样也可以有助于说明这种决心的难以算数吧，是不是呢？

半导体的魅力的丧失恐怕还有另一方面的原因。从这年秋天，半导体收音机在伊犁地区就大量销售了。我们公社的每个大队和每个生产队，都买了半导体收音机。我们队买的是真正上海产的美多牌的。物以稀为贵，一多，一普及，也就不神秘，不那么吸引人了。再说队里的收音机无人爱护，你也听我也拧，从早到晚响个不住，有时队部的人都走光了，队部的门锁住了，窗户也关严了，但收音机仍在屋里嗡着，响着，说着，唱着。唱也不唱帕夏衣仙的迷人的歌曲了，而是唱令维吾尔人莫名其妙的啊……啊……——京剧样板戏和语录歌。电池用完了，没人及时给换，我虽想换却一时找不到现钱去买电池，于是把音量拧到最大，电压不够的喇叭仍不能正常工作，发出一种破锣似的噪音。有时不知道从哪里搜出一节电池，于是某个懂技术的热心人掀开收音机后盖，只换一节，另外三节照旧用。不久，废电池流了汤，把机件腐蚀坏了，天线拉杆也先是拔脱，紧接着便丢到不知什么地方去了。尘土、油泥、汗污更是粘满了美多牌收音机的里里外外。这样，神奇的、清洁美丽发光的、精密细腻的收音机的形象一落千丈。如果说夏天我那位记者朋友昙花一现地带来的收音机像是天使，那么，我们队的这个收音机就像是陷入泥坑的娼妓了，穆敏老爹怎么还可能念念不忘情于彼呢？

什么是农村？什么是农民？什么是占中国人口绝大多数的人们的生活，辛劳、质朴的快乐与单纯的梦？反正不论"史无前例"也好，"横扫一切"也好，"一天等于二十年"也好，"办成毛泽东思想的大学校"也好，老爹和大娘总是一样地辛劳终日，克己守法，苦中求乐。春天，老爹砍了一株死桃树，一株长疯了的苹果树，搭上几根树枝树杈、秫秸和向日葵秆，总算在我们的小土房门前搭起了一个夏日茶棚。老妈妈便在这茶棚下砌起了土炕，修起了炉灶。砌灶改灶不但是老妈妈的一项任务，似乎也是她的一大乐趣，每年她都要拆这个灶，砌那个灶，垒这个烟囱，通那个火道。每个灶都砌得方方正正，见棱见角，而且是灶大腿小，有一种特殊的苗条秀气之感，说不定这种炉灶的长宽比例暗合什么维纳斯的法则或者弗洛伊德的心理分析呢。

别看茶棚简陋，自从有了它，我们便尽可能地在室外喝茶、吃饭、谈心、夜话。从 3 月初雪还没有化尽，到 10 月底清晨已经见了冰碴，我们都在室外活动；夏天，更是直到深夜也舍不得进屋。小小的院落，小小的果园，小小的关也关不紧的屋门，仍然是充满了生活的温馨和生动。连小小的麻雀也喜欢停留在茶棚的枝杈上，或是干脆降落到离盘腿喝茶的我们不远的地面上，吱吱喳喳，一跳一跳地走路，而成双的燕子，经常款款地在茶棚上下飞翔，呢喃絮语。夏日，当把路边明渠的水引入小园内的毛渠去浇老妈妈栽种的少许辣椒、西红柿和茄子的时候，潺潺的水声更给我们这蓬松的茶棚增添了新的生趣。

搭起茶棚是房东二老改善居住生活条件的第一步。第二步，他们的计划是拆掉我曾住过的那间面积约四平方米的小库房，用这些材料，再加一部分木材和土坯，把我们现在一起住的这间大约有十二平方米的正房再接出一间来，这样，就有里外间了，达到了一般水平。城乡的维吾尔人，一般都至少有两间房，平常吃饭、睡觉、活动在外屋，里屋布置得尽可能整齐、高级一点，专用于待客。

这样，房东二老便奋斗了两年。夏天，每天下工以后老爹都挖土和泥脱土坯，一直干到夜幕降临，满天繁星。当老爹“加班”的时候大娘也不闲着，她把冬季烧煤剩下的煤末子与黄土与牛粪掺和在一起，一团一团地抓起来，搋在院墙与牲口圈墙上，生人乍一进来，还以为满墙都贴着大坨的狗皮膏药呢。

秋天就更紧张了，新疆、特别是北疆的冬天是漫长的，在秋天要做好人畜过冬的全部准备。队里的生产也正是大忙季节。下工以后，还要去捆秫秸、打草，用毛驴驮回来，还要抓紧拉运麦草、麦尾子（碎麦草和谷壳，是很好的饲料），卸过冬取暖用的煤炭，收拾门窗，在门窗缝隙处钉上碎毡子以阻挡冬日或有的零下三四十度的寒风。

不论出现了怎样的"史无前例"的混乱，老爹的辛劳并没有放松过一丝一毫。他常常愤慨于社员劳动态度的稀松与对集体利益的漠不关心。他有时候悲哀地叹息："不是大家都明白吗？如果都好好干不就都好吗？为什么你看着我，我盯着你，谁也不好好干呢？"他的这种劳动态度和对生产队的责任感使我非常感动。"穆敏老爹真是一个好人、好社员、好穆斯林啊！"我常常与队内队外的一些人这样说。但是我的评论并不总是能够得到首肯。有一次在我称赞穆敏老爹的时候，穆罕默德·阿麦德尖锐地反驳说："我就不喜欢穆敏老爹，我们许多人不喜欢他。他太积极，他不懂得'护民'。""护民"这个词儿出自穆罕默德·阿麦德之口使我震惊，也使我迷惑。因为我第一次听到"护民"这个词，是在去新疆之前，1962 年一次到京郊房山县陈家台去的时候，一个农村小姑娘批评他们大队的一位老军属模范"不护民"。谁想得到在地区、民族、性别、年龄完全不同的穆罕默德·阿麦德口中又出现了这个词的维吾尔语说法呢？我想起老爹干活不叫歇和拆掉前科长的非法占地的墙角来了。难道这就叫作不"护民"吗？我不禁为穆敏老爹悲哀，捎带着也为穆罕默德·阿麦德悲哀，更为许多许多牵扯到治国平天下的大事情悲哀了。

在这几年的无休止的辛劳和仍然常常是快乐的岁月里，一个明显的变化是房东二老似乎老得很快，当后接的八平方米大的里间屋终于在 1968 年夏末用又细又弯的椽子和被虫蛀了的未曾刨平的薄板子架起了屋顶的时候，老爹和老妈妈已经与我 1965 年初到他们家相比判若两人了。老爹病过一次，眼睛深陷而两颊瘦削。他向队里提出辞去水利委员的职务，他老了，没有精力去抓昼夜三班浇水了。老妈妈说，她的头发和牙齿都有新的脱落，做事也常常丢三落四了。

第二个明显的变化是老爹的宗教生活逐渐加强了。1965 年的封斋月，他们并没有封斋，而且我也很少见到他作乃马孜（每天的例行五次祈祷），等到 1968 年，封斋与一天五次祈祷已经是一丝不苟了。由于我们已做到情如一家，无话不谈，我问过他这方面的变化的原因，他说是因为自觉体力不支，又生了一次病，愈来愈应该想想身后的彼岸的事了。

封斋期间，人们宰牛宰羊，无牛羊可宰的也要买一些肉。老爹和大娘每天白天不吃任何东西，连口水也不咽。天黑以后，吃一顿饭。由于饿了一天，骤然大啖会伤身体，所以一般是先喝一点清茶，吃一块小馕，垫补垫补，然后再吃荤菜荤饭。睡下以后，半夜三四点钟阿依穆罕大娘便起床做饭了，五六点钟，天亮以前，老爹沐浴、祈祷，再吃一顿饭。为了白天不吃饭而能顶得下来，斋月期间饭虽只在黑夜吃两顿，但要求吃得好。维吾尔人中有所谓"挣一年，吃一月"的旧谚。

二老的封斋活动对我来说倒是并没有任何不便。凌晨那顿饭，老妈妈给我留着，我在天亮起床以后再吃。中午，单独给我烧一点奶茶。傍晚，和他们一起吃，这样，我的营养反而随着肉食的增加与伙食的改善而更加充分了。哦，慈母一样的维吾尔老妈妈哟！

1969 年 7 月，我从《参考消息》上看到美国航天飞船阿波罗 11 号在月球软着陆的消息，便把这消息告诉了老爹。

"吹牛，瞎说！"老爹断然驳斥。

"这是报纸上登的！"

"报纸吹牛！"

"这是美国人宣布的！"

"美国人也吹牛！"

"世界上许多国家的元首和政府首脑都拍去了贺电！"

"他们受骗了！"

老爹的顽固简直不可以理喻。

过了一会儿，他解释说："《可兰经》上讲过的，月亮距地球的距离，骑上一匹快马，走四十年也走不完。"

我没有读过《可兰经》，老爹也没有读过《可兰经》，他不懂经文（古阿拉伯文），也没上过经文学校，我不知道是否《可兰经》上真有这样的论述。至于说骑上马，不论是什么样的千里马，走四十年也走不到月球上，我信。

我无法使老爹相信美国人的、也是人类的这一新成就。

但是第二天晚上他又主动提出了这个有争议的话题。他说，在下午的瓜地劳动中，"前科长"告诉了他同样的消息。

"如此说来是真的了。"他迷惑地、我以为是可怜地自言自语："到底是怎么回事呢？《可兰经》上明明说过的嘛。"

我说了，老爹不信。一个被他拆过非法占地的墙角，被他斥为心术不正的"前科长"一说，他就信了，我悲哀。但他终于信了，我高兴。

这天睡前，穆敏老爹的乃马孜作得比任何一天都长，跪拜和颂赞"哎斯萨拉姆来依库姆拉赫迈德"，反复了不知多少次。

这一年的初秋，一天穆敏老爹带了一位长着黑黑小胡子的高个儿的中年人回家，老爹是在买肉的时候与他搭话相识的。随着"文革"的轰轰烈烈开展，供应状况日益恶化，从国营肉铺和供销社，已经很难买到肉了，于是，一批黑市肉贩子便应运而生。这位小胡子是南疆人，由于家乡生活困难，来到富庶的伊犁地区，从私人手里买牛买羊，宰杀后卖肉，从中赚几个钱。老爹去买肉，和他闲谈起来，得知他是自己的同乡，便把他让到家里来。

阿依穆罕按照礼仪给南疆来的客人烧茶做饭。小胡子客人名叫卡斯穆，鹰钩鼻、粗眉毛、大眼睛，面色阴郁，说话口齿不清，进家以后盘腿端坐，不声不响不动。我看得出，阿依穆罕对他抱着一种隐隐的反感。对于阿依穆罕衷心欢迎的客人，她会热情得多、活跃得多地接待，遇到这种受欢迎的客人，老太婆说话的声音要比平常高出八度，细声细气，唱歌一样地致欢迎词并向客人问安，而对卡斯穆的款待，她只是履行义务而已。

我也下意识地相当不喜欢这个人。他的阴郁呆板的气质，他的喀什方言味儿很重，大舌头且又结巴的发音，他的一动不动，他的对于我的问候的僵硬的回答，以及他以一个"自流人员"、"贩肉贩子"（当时并不合法）的身份，初次到这儿来就又吃又喝，而且穆敏老爹显然是准备留他在这里过夜，都让我从心底有点嫌厌他。

但穆敏老爹对他不乏热情。他与他谈南疆的事情，谈英吉沙的匕首，谈喀什噶尔的无花果与阿图什的石榴，谈拜城的大米、阿克苏的核桃与库车的杏。卡斯穆对老爹提出的话题只能作出结结巴巴、含义不清的谈论，但即使这样的谈论也令老爹感到某种满足。原来卡斯穆这些地方都到过，有时候坐车，有时候步行，有时候骑毛驴。他有家有业有妻有子女，家在岳普湖的上阿瓦台，但他很少在家，一直是南来北往，东游西串，凭手艺（他会屠宰、鞣皮、赶毡、编席、修理靴鞋、理发，还学了一点维吾尔民族医的诊断处方知识，也算半个江湖郎中）赚钱。"其实也赚不到几个钱，我孤身一人，走南闯北，没有户口，买黑市粮，找不到借宿的地方还得住小店，开销太大。等回到上阿瓦台，我把剩余的钱的大部分缴到队上，队里按一块钱五十个工分给我记上工分，这样，才给我的妻儿老小供应口粮，最后就剩不下几个钱了。"他郁郁地说。

"那您何必跑出来呢？您在家，安心参加队里的劳动不好吗？"我客气地用着第二人称尊称"您"，却是不客气地问道。

他垂下眼帘，好像没有听见我的话。这是维吾尔人用沉默来表示不喜欢某个话题或不同意某种观点的相当标准的表情。许多年后我了解到，美国人和一些欧洲人也是这样使用自己的"保持沉默"的权利的。

卡斯穆有什么隐痛吗？还是有什么"问题"？我不能想象在搞着"文化大革命"的时代，竟有这样一个身强力壮的成年人完全游离在社会之外、组织之外、"革命"运动之外。

阿依穆罕对这些谈话不感兴趣。在日常生活中，本来是看不出老爹是南疆人而大娘是本地人的。老爹早在三区革命以前就到伊犁地区来了，生活习惯、口音、各个方面，老爹都已经北疆化、伊犁化、"他兰契"化了（他兰契，是对清代伊犁地区来自南疆的维吾尔移民的一种特殊的称谓）。但在不速之客卡斯穆到来的时候，老爹与老太婆原籍不同所造成的某些歧异，便暴露出来了。

我想，故乡和童年真是一个奇妙的东西，老爹和卡斯穆谈起南疆的时候，泪光一亮一亮的，这就是故乡和童年的永远不会磨灭的余晖啊！

老爹向卡斯穆打听一个人，我没有注意听。卡斯穆表情呆板，一声不吭，既不说他知道这个人也不说不知道。过了足足有一支烟的工夫，卡斯穆忽然结结巴巴地说："嗯，有这么个人，这个人还有呢！他不在喀什了，他现在在和静县的毡靴厂当技术工人！"

"啊！我的弟弟还活着！"老爹喊了起来，喊得老太婆直翻眼。

老爹是在父母双亡以后离家到北疆来的。来到这儿以后，他孤身一人。阿依穆罕在这里亲戚非常多，来往也很频繁，而穆敏老爹似乎完全是孤家寡人。他说过，唯一的亲属是他有一个异母弟弟，比他小二十多岁，他离家时仅仅两岁的异母弟弟被他的继母的一个亲戚所收养，三十年来音信全无。

过去他给我讲这个弟弟的时候我丝毫没有在意，窃以为那只是在阿依穆罕亲戚等人来来往往的时候老爹自觉寂寞中的自慰罢了。不管怎么说，他也不是从石头缝里蹦出来的，他也是有亲属的，虽然这个亲属只存在于老爹的口头上，实际上毫无现实性可言。

和卡斯穆谈话第二天，穆敏老爹毕恭毕敬地把他素来不喜更不敬的穆罕默德·阿麦德请到家里来代写家书，给他的莫须有的弟弟。我很抱歉，因为到1969年虽然我已能相当纯熟地说维吾尔话和读维吾尔文，但我自己写不了。我打心里完全不相信从一个偶然相遇的卖肉的卡斯穆那里信口一问，用这种瞎猫碰死耗子的办法能够找到失落多年、也许压根儿就不存在的弟弟。卡斯穆的身份使我怀疑他是个骗子。在卡斯穆帮助穆敏老爹"找到"弟弟以后，老爹对他更热情了。未经阿依穆罕和我同意，他已邀请卡斯穆每晚到我们家住宿。我已经与房东二老同吃同住同劳动到了第五个年头，对于是否留宿卡斯穆，我似乎也不无发言权。

但穆罕默德·阿麦德与老爹同样，对卡斯穆的话深信不疑，而且老爹郑重地请他来帮助写信，使他自尊心得到满足。他写信很卖力气，态度又和蔼，看来，对老爹"不护民"的批评已经大大钝化，与老爹的感情隔膜消除了许多。

与我的不信任卡斯穆的预计相反，二十余天后，收到了来自和静县毡靴厂的老爹的小弟弟的复信。复信显然是请一位老秀才式的人物写的，因为信的开始大大转了一回文：

"……谨向我的居住于伟大祖国的钢铁边陲、富饶美丽的绿色的四时宜人的伊犁河谷、并在伟大导师毛主席的光辉与慈祥的笼罩下、正经历着史无前例的无产阶级文化大革命的洗礼，同时在通向人间天堂的金桥毛拉圩孜人民公社度着幸福的日子的失散多年的阿哥，我的可敬的勤劳的贤惠的与慈爱的嫂嫂，与来自毛主席居住的地方伟大的北京的汉族大哥老王同志致以萨拉姆，你们身体健康、工作顺利、生活快乐吧？并问候桑妮亚妹妹及……"

他开列了长串名单。凡是穆罕默德·阿麦德代笔的信上提到的与老爹有关的人物，他都问候到了。顺便说明一下，维吾尔人只重视年龄而不重视辈份，他们的"兄""嫂""弟""妹"的称呼按汉语和汉族风俗要求，往往并不精确乃至颇有谬误。

复信提到，50 年代"弟弟"听到了一个荒信儿，说是穆敏哥已经死于民族军与国民党军的战斗，"弟弟"哭了许多天，并且举行了盛大的"乃孜尔"，超度哥哥的亡魂。如今喜从天降，接到了哥哥的信，由于喜，却又大哭起来……

当我读信读到这里的时候，穆敏老爹泪流如注，哽咽失声。阿依穆罕在一旁一边翻眼，一边唉声叹气。

老爹尽其所能地酬谢了卡斯穆。事情发展到允许卡斯穆在"我们"的小院里宰牛和卖肉。我亲眼看见卡斯穆用一条绳索把一条黑牛绊倒，一只手扳住牛角，一只腿跪压住牛颈，从靴子里飕地拔出寒光闪闪的英吉沙屠刀，喊一声"安拉，比斯敏拉"，一刀割向牛颈、黑牛哞地低沉地一吼，淡红色的舌头倏地吐出卷向鼻孔，牛眼睛睁得浑圆老大，牛颈上赤红的热血唰地喷出去几尺远，也就在这时候牛眼牛舌全部凝固了，牛头已经被活活割了下来。20秒钟以后，开始有嗜血的乌鸦自天而降。

这天晚上房东二老、卡斯穆和我四个人坐在一起吃牛杂碎，吃的时候我就觉得满身不舒服，那黑牛被屠宰时的血腥场面破坏了我的食欲。但我不敢这样表示，我怕受到笑话。勉为其难地吃了一大碗白水煮的、只放了少许盐而没有任何其他调味品的牛杂。老妈妈还要给我再加一碗飘着牛油的汤，被我拒绝了。老妈妈对我在肉食日益紧张、油水愈来愈少的年月居然放弃一碗油汪汪的杂碎汤，甚表诧异。

入夜我就上吐下泻起来。第二天一早胃痛如刀绞，面色灰白。我去了医院，并且在伊宁市休息了两天。

还好，两天以后再来到这个小院的时候，卡斯穆已经走掉了。否则，我难以想象与这个人和睦地共居一院一室。

穆敏老爹完全沉浸在对多年未见的弟弟的思念当中，他一遍又一遍地读信，并请穆罕默德·阿麦德再次写信，随信寄出了一条毛巾、两包石河子产的绿洲牌方糖。他每天都要念叨弟弟，一提起弟弟来就热泪满腮，维吾尔男人似乎不像汉人那样尽力控制自己的眼泪。

穆敏老爹找到弟弟的消息与他思念弟弟的感情传遍了全队，人们纷纷来祝贺，来问候，来探讯和静县的最新消息。过去不知和静县为何物的人也来打听关于和静的气候、物产、居民以及从伊犁到和静的路程，好像位于铁门关南的这个小小县份一下子与众人相关，而穆敏老爹马上成了和静的发言人或者"和静学"的权威。

队领导也很受这一消息和这种感情的感动，他们主动来看望，并且提出可以提前支付给老爹一些钱，帮助老爹实现前往和静探亲的愿望。从这上，也可以看出穆敏老爹在队里的地位和威望不同一般。

阿依穆罕提出异议，弟弟应该首先看望哥哥，弟弟是工厂工人，筹措旅费也会比哥哥容易。穆敏老爹不和阿依穆罕讨论争辩，但也根本不理睬她的这项不无道理的异议。

这年11月初，秋收完毕之后，老爹穿着一件新买的长毛绒领、黑条绒面短棉大衣，准备上路。他准备给弟弟、弟媳、侄子、侄女带的礼物有：条绒三米，花布两米，香皂两块，水果糖一公斤，铁制彩漆茶盘一个和葡萄干、杏干若干。阿依穆罕用牛奶和积攒起来的酥油和面,专门打了一炉形状与品种各异的馕,供老爹带在路上吃用。由于油性大,打出来的馕红润光亮,喜气洋洋。大娘告诉我,用牛奶和面打出的馕,不论放多么久,变多么干,只要在水里一涮,就会变得又酥又软,鲜香可口。

临行前举行了盛大的上路"乃孜尔"。来的都是老人,一个个银须长髯,端庄跪坐,衣冠整齐,不苟言笑。当他们共同用一种特有的悠扬、沉郁、诚笃而又包含着一种被压抑的野性的热情的苍老声调诵经,共祝穆敏老爹一路平安的时候,这种气氛、这种场面、这种声调和这种仪式使我也感动了。抛开宗教方面不谈,这种送别的祝愿,不是充满了古老的、令人泪下的人情味儿吗?

诵经之后是由主人招待吃饭。所有的客人都留下了礼物,有的留下一块钱或者五角钱,有的送一只搪瓷口杯、一块手绢,或干脆只有一个小小的圆馕。从这些习俗习惯上可以看出惜别的情意,也可以想象过去在新疆出门上路有多么不同寻常和艰难。

第二天午夜刚过,我与阿依穆罕送老爹走出小院,他要步行近两个小时去伊宁市乘坐去乌鲁木齐的长途客运汽车,到乌鲁木齐再转乘去南疆的车到和静,路程加上转车,他大概要晓行夜宿,经过五六天之后才到达目的地。我是知道在漫漫的戈壁瀚海与层峦叠嶂的天山深处行路的滋味的,分手的时候,我流泪了。

老爹的计划是走一个半月，路上半月，在弟弟家里呆一个月。自从老爹走后，阿依穆罕丧魂落魄，披头散发，凄凄惶惶，不可终日。吃拉面做菜卤时她忘了放盐；剁辣椒的时候她伤了手指；给牛挤奶的时候不知道她怎么惹恼了奶牛，被奶牛一蹄子踢翻了牛奶桶，把牛奶洒了一圈。害得老大妈用铁锨把牛奶埋了半天。维吾尔族人对于食物是有一种庄严的敬意的，日常最忌浪费食物，如确实某种食物霉坏或污染不能再吃，绝不能顺手一倒完事，而要郑重地掩埋干净。

老爹走后的第四天，冷空气入侵伊犁河谷，西北风怒号，夹带着来自高山的被吹散开的积雪。吃过晚饭以后，我协助阿依穆罕大娘侍候好了驴和驹、牛和犊，回到突然变得寒气袭人的小屋喝茶。大娘一面烧茶，一面顺手丢了几个玉米骨，在刚刚安装上的、似乎还有点东倒西歪的铁皮炉子里点上一把火。小小的土屋霎时间变得灼热炙人，火光照得大娘的脸通红，然后随着火光的熄灭室温又在明显地下降。就在这种室外寒风呼啸，室内忽冷忽热的情形下，老大妈向我吐露心曲说：

“唉，老王，我真不愿意老头子去南疆啊！哪里来的弟弟？弟弟又算什么呢？1950 年我第二次结婚，嫁了穆敏，不就因为他人口简单，忠诚可靠吗？”

“也快，最多一个半月，他就回来了。老爹走前这一个月，干了多少家务啊，他就是希望您平安顺当地度过这一个半月……”我安慰老妈妈说。

“不一定，老王，不一定啊。”阿依穆罕打断了我的话，“老王，您给我出出主意，我应该怎么办呢？"

"您好好地过日子，把身体保养好，把家照料好……"

"不，我说的不是这个。老王，您不知道啊，南疆人的心，南疆的风俗，与我们伊犁人不一样的。您知道，我比老头子大两三岁，又没有孩子，老头子虽说是老头子了，毕竟是男人，和女人不一样噢！我敢说，他弟弟一见老头子，一定挑唆他把我抛弃了，再就地给他说一个四十多岁、还能生育的女人……实话对您说吧，我知道的，老头子这一去，是不会回来的了！"说到这儿，阿依穆罕伤心已极，呜呜呜地哭了起来。

阿依穆罕大娘的话与泪大出我的意料之外。看他们平日相敬如宾、相依为命，老太婆对老爹是虽有腹诽但行动上唯命是从，为了让老爹及时吃饭不惜烧掉一把又一把的柴，烧干一锅又一锅的水，而老爹对老太婆又是那样体贴照顾，虽有埋怨但有求必应……怎么可能走一趟和静就造成这么大的危机感呢？难道人和人的相互信赖就这么不牢固，而莫名其妙的隔膜（例如南疆人对北疆人，或北疆人对南疆人看不惯的一些说法），就可以那样有力地左右一个人的判断么？唉！

我竭尽全力安慰大娘。也好，经过这次一说一哭，什么东西都倾倒出来了，后几天，大娘的情绪正常多了，她还给我做了一回相当费事的薄皮奶油南瓜丁包子吃。

两个星期以后，一天下午，我从庄子参加积肥劳动回来，一进院门，看到正在用榔头砸煤块的阿依穆罕大娘。大娘一见我，喜笑颜开地告诉我说："老头子回来了。"

简直难以置信。如此隆重庄严，如此兴师动众地筹备、送行、成行，而且从精神上是那样沉重地惊扰和震动了老妈妈以后，才十四天，老爹就回来了。这甚至使我觉得荒唐滑稽，替他们不好意思。

老爹态度平和，精神正常，含笑不露，彬彬有礼。对于我的关于他的路途生活，关于他的弟弟、弟妹、子侄以及和静县情况的问候他只答以"好"，"对"，"就那样"，"嗯嗯"，此外不置一词，好像根本没有谈这个话题的兴趣，好像盛大的行前"乃孜尔"不是半个月前为他举行的，而是半个世纪以前为哪个不相干的赛麦德举行的。总之，曾经使他梦魂萦绕、煎心焦首的思弟之情，已经云消雾散无踪无迹了。

"您怎么这么快就回来了？您怎么不多住些日子？"不止一个人这样问他。"嗯，我想念弟弟，就去了。我已经去过了，就回来了。"这是他的唯一回答。

事后阿依穆罕大娘悄悄对我说："我揣摩着一定是老头子的弟妹不好，他的兄弟媳妇不欢迎他。这样的坏女人到处都有。老头子不说这些，连对我他也什么都不说。"

穆敏老爹的深陷的大眼睛里似乎闪烁着一种略带忧郁的光，当我仔细打量时，却又不见忧闷，老爹的眼光似乎更豁达，更宽容，也更开阔了。

幻想有时候比现实似乎好。有时候，幻想变为现实的时候似乎便失却了幻想，而一个真正的男子汉应该守口如瓶，不要为生活，为人和人的关系，为一切细小的和难免的挫折，为一件迟早总要过去的事情的过去叫苦。生活里已经有足够的苦被人们咀嚼，又何必用自己的渺小的叹息、伤感、牢骚来进一步毒化生活呢？我向及时归家，绝无他话的穆敏老爹致以庄重的敬礼。

1970年我们公社搞斗、批、改，搞"清理阶级队伍"，组织贫下中农毛泽东思想宣传队。穆敏老爹被吸收为宣传队员，进驻公社机关，抓公社机关的运动。老爹每天穿戴得整整齐齐，两个风纪扣全部系紧，手提一个儿童用的鲜红的塑料书包，内装他不会读的"语录"及"老三篇"，按时去上班。

说起红书包也够好笑的，当时推广部队搞"红挎包"的经验，人家所说的"红"，是指政治思想，指包里装满语录、宝书、宝像。当这个经验翻译成维语并在我们公社贯彻的时候，变成了红颜色的包包，结果，大队统一从伊宁市买了上千个小学生和幼儿园大、中班孩子用的小巧玲珑、鲜艳夺目的红塑料包，发给这些留着络腮大胡子的维吾尔农民携带。他们返老还童，如嬉如戏而又毕恭毕敬，实在别有一番风貌。后来别的队也买，搞得幼儿与小学生用的书包脱销。

我问老爹："您去揪阶级敌人了么？"答："有就揪，坚决斗争。"问："您怎样宣传毛泽东思想了？"答："我让他们念报，念完了我就说，要拥护毛主席，抓革命促生产，大家的事大家做，谁也不要松懈。"问："这样念念报就算搞了斗、批、改了么？"答："别的事有队长、组长、党员们做主，我听着，看着。"问："您看这个'清队'搞得怎么样啊？"答："老王，唉，这您也要来问我么？您这就不对了，我正要问您呢！"

我们俩相对苦笑。

这一年我的情绪很不好，放眼祖国，满目疮痍，思前想后，阴云迷雾。然而老爹是镇静的，他用他的语言劝慰我说："不要发愁，啊，无论如何不要发愁！任何一个国家，都需要有'国王'、'大臣'和'诗人'，没有'诗人'的国家，还能算一个国家吗？您早晚要回到您的'诗人'的岗位上的，这难道还有什么怀疑吗？"

在维吾尔语里，"诗人"比"作家"更古老也更有一种神圣的意义。维语里"作家"与"书写者"是一个词，你说一个人是作家，他还可能以为你是记工分的记工员呢。然而只要一提诗人，就都明白了。

老爹的话给我很大的鼓舞和安慰。

这一年，队里要求老爹去庄子盖房。因为根据农田水利和新居民点建设规划，我们队的全部社员应该迁移到伊犁河沿的庄子方面去，而且我们的这个小院，位于设计中的一条笔直的辅助道路的必经之处，小院应该拆掉，非拆不可。

穆敏老爹欣然接受了这个方案。阿依穆罕大娘却紧锁双眉，长吁短叹。她带着哭音说："我在毛拉圩孜这个地方整整生活了五十年，这里买东西、看病、乘班车都方便，我为什么要到荒凉的伊犁河沿去呢？"

"唉，老婆子，咱们大队四个队的新居民点修在伊犁河沿，只有三个队居民点在毛拉圩孜的公路旁。现在，庄子也已经有了供销社、医疗站、银行和学校。队里将要给我们九分住宅地，还为我们打好房基，工、料都支援我们。那边我们会有几间大房子、大园子。奶牛和毛驴在那里也会吃到更多更鲜的青草。上工、打粮、开会都近了……您却不愿意去，您不是傻了吗？"

队干部又来反复动员，阿依穆罕大娘只好同意迁移。她私下对我说："我也知道老头子的心，我们现在住的这个小院和土房子，毕竟是我的前一个丈夫留下的遗产，他住着，有心病。他早就想到庄子去了，那里的一切，是公社、大队和生产队给他的呀！"

没等到他们搬家我就离开了他们，到乌鲁木齐南郊的乌拉泊地区的文教"五七"干校进修深造去了。

1973 年我回伊犁搬家，得知阿依穆罕大娘因为目疾在伊宁市住了医院。在医院里，穆敏老爹悲伤地告诉我，他们是在 1971 年夏拆掉了我们住过的土房和小院搬到新居民点去的。阿依穆罕从迁到伊犁河沿去以后，处处觉得别扭，不顺心，无法适应新环境，一夜一夜地不睡觉，总是想着毛拉圩孜、公路、我们的小院和土屋。终于，想出了病，把眼睛都想瞎了。

我几次找医生，医生对老妈妈的眼疾没有说出个所以然来，也许是不屑于对我说。我又不是大娘的直系亲属。

我给大娘买了些水果，买了些点心和牛奶糖，喂大娘吃。大娘说，入院时她还能看见一点光亮，住了一个月院以后，干脆什么也看不见了。大娘指着自己的胸口说："这里头像火烧一样，烧得我都熟了啊！"

住院已经无益。老爹赶着毛驴车，拉着双目失明的阿依穆罕回家。由于阿依穆罕对于毛拉圩孜旧居的思念，老爹用庄子上的新房，换了一间旧居旁幸存的更加破烂矮小的房屋，他们住到那里去了。1979 年夏天，阿依穆罕老妈妈长眠在那里。

维吾尔人的男女有别、男女分工是搞得很清楚的。男人都不会料理家务。阿依穆罕去世以后，穆敏老爹的生活非常混乱狼狈。队里的几个领导都很关心，帮助说合，从 1980 年，穆敏老爹便把另一个生产队的一位老实巴脚的孤老婆子接到家里，两个人合作过日子。老爹已经老迈，不再下田劳动，他和另外一个老汉看管新修缮的清真寺。有时，他在前兵团农四师工程处路口卖一点沙枣和莫合烟。逢年过节，队里给他们送点油、肉。新的老两口，仍是和睦度日，相濡以沫。1981 年我去看老爹的时候，见到了这位矮个子、扁圆脸，说话口齿不太清的老大妈。老大妈几乎用同样的程序和姿势烧茶、铺桌，款待我，但那茶（请这位老大妈原谅我）我喝着味道索然，整个家，都不是那么一回事了。

写起伊犁的人和事来，没有什么人比房东二老我更熟悉，与我关系更亲密，更能牵动我的心了。在我成人以后，甚至与我的生身父母，也没有这种整整六年共同生活的机会。然而，几次提笔都写不成，他们似乎算不上什么典型，既不怎么先进，也不奇特、突出，甚至写个畸形人物也比他们好写，说不定更吸引人。

然而不知为什么，虽然我早已远离伊犁，虽然这些年我是在完全不同的境遇下与完全不同的人打交道和从事完全不同的工作，虽然我由衷地欢呼和拥抱这新时期，包括我个人的新的开始，新的生活，但我一想起穆敏老爹和阿依穆罕老妈妈来，就有一种说不出的爱心、责任感、踏实和清明之感。我觉得他们给了我太多的东西，使我终生受用不尽。我觉得如果说我二十年来也还有点长进，那就首先应该归功于他们。他们不贪、不惰、不妒，不疲塌也不浮躁，不尖刻也不软弱，不讲韬晦也决不莽撞。特别是穆敏老爹，他虽然缺乏基本的文化知识，却具有一种洞察一切的精明，和比精明更难能的厚道与含蓄。数十年来我见到的各种人物可谓多矣，但绝少像老爹这样的。我常从回忆他们当中得到启示、力量和安抚，尤其是当我听到各种振聋发聩的救世高论，听到各种伟大的学问和标号，听到各种有关劳动人民的宏议，或者看到这些年也相当流行的对于劳动人民的嘲笑侮弄或者干脆不屑一顾的时候。

遵照巴尔扎克的不朽传统，我本来应该在本篇的起始好好描写一下小院的风光的，但是……那就把这小院风光的回忆，放到这篇小说的最后部分吧。

推开三扇长短不一也不平整的木板钉起的门，先看到一个大大的打馕的土炉，新疆俗话叫作馕坑的。遇到打馕的时候，这里会冒出熊熊的火光和团团的黑烟白烟。土炉旁便是低矮的土屋的唯一的采光用的玻璃窗，这个窗子是打不开的，换气全靠门缝。小窗子的玻璃还是两半截接在一起的，尘土和油烟使玻璃变成了褐黄色。

靠近院墙，栽着三株白杨，白杨脚下是一弯渠水。渠水的另一面是搭起的架，头几年种南瓜，是南瓜架。后几年栽了葡萄，便成了葡萄架。秋天葡萄成熟的时候，常常有鸟雀来抢吃葡萄。还有一种野蜂，隔着葡萄皮吸吮葡萄的甜汁，被野蜂吸吮过的葡萄变得又小又蔫，但这种又小又蔫的葡萄仍然可以吃，而且我以为并不难吃，被野蜂吸吮剩余的那一点叶液显得更加黏稠甘美。为了惊吓和驱赶肆无忌惮地吃葡萄的鸟雀和野蜂，穆敏老爹不知从哪里搞来一个马头的骷髅，马骷髅挂在葡萄架上，它或许能起（?）稻草人的作用。

再往后面走，便是一个小小的园子，有五棵苹果树。一株叫作冰糖果，甘甜早熟，但品质松软。一株叫作二秋子，高产，色红艳味酸甜，属于大路货。这株二秋子非常高大，枝叶茂密，老妈妈生前一下午一下午喝茶便是在这株二秋子下面。我推测，她一生中最快乐的时辰是在这株果树下面度过的。有一次我的爱人到毛拉圩孜来作客，阿依穆罕与她握手问好以后就不见了，我们正在奇怪，忽然头上二秋子的枝叶簌簌地摇了起来，红绿怡人的二秋子苹果落了一地，有的苹果砸到了我们的脑袋上，叫人喜盈盈的。抬头一看，大妈原来轻巧地上到了树上，她正站在树杈上为我们摇苹果呢。

其他三株是夏柠檬、秋柠檬，和一株最后因为病害终于砍掉的阿尔巴特冬果，那苹果结得比拳头还大。

春、夏、秋三季，树上都有许多鸟。每天早晨天不亮，多声部的鸟鸣就会把人吵醒。特别是春天，那鸟儿的叽叽啾啾，吱吱喳喳，滴滴沥沥，窸窸窣窣，令人心醉，令人忘却了一切烦恼，惊异于这个世界的鲜嫩、明亮、快乐和美丽。

我初到伊犁的时候曾经写过几句旧诗，算是我们的小院的即景，题名就叫作《即景》：

> 濯脚渠边听水声，
> 饮茶瓜下爱凉棚，
> 犊牛无赖哞哞里，
> 乳燕多情款款中。

现在，小院小园果树没有了，土房土炉葡萄架与白杨也没有了，这里是一条笔直的黄黄的土路，通向二生产队的大片苜蓿地。1965 年我初到庄子劳动时，曾在一次大雨中在这块苜蓿地里迷了路。这条道路并没有多少车马行人，1981 年在这条路上我见到，每一条车辙，每一行蹄印，以及人的脚印，连同狗爪、猫爪和鸡爪子，留下的印迹都清晰可辨呢。

1983 年 6 月

故乡行

——重访巴彦岱

王　蒙

我又来到了这块土地上。这块我生活过，用汗水浇灌过六七年的土地上。这块在我孤独的时候给我以温暖，迷茫的时候给我以依靠，苦恼的时候给我以希望，急躁的时候给我以慰安，并且给我以新的经验、新的乐趣、新的知识、新的更加朴素与更加健康的态度与观念的土地上。

　　高高的青杨树啊，你就是我们在 1968 年的时候栽下的小树苗吗？那时候你幼小、歪斜，长着孤零零的几片叶子，牛羊驴马、大车高轮，时时在威胁着你的生存。你今天已经是参天的了，你们一个紧靠着一个，从高处俯瞰着道路和田地，俯瞰着保护过你们、哺育过你们、至今仍在辛勤地管理着你们的矮小的人们。你知道谁是当年那年老的护林员吗？你知道谁将是你们的精明强悍的新主人？你可知道今天夜晚，有一个戴眼镜的巴彦岱——北京人万里迢迢回到你的身边，向你问好，与你谈心？

　　赫里倩姆老妈妈，今夜您可飘然来到这里，在这高高的青杨树边逡巡？您是 1979 年 10 月 6 日去世的，那时候我正住在北京的一个嘈杂的小招待所里奋笔疾书，倾吐我重新拿起笔来的欢欣，我不知道您病故的凶讯。原谅我，阿帕，我没有能送您，没有能参加您的葬礼，您的乃孜尔（这里指人死之后举行的祭奠仪式）。那六年里，我差不多每天都喝您亲手做的奶茶。茶水在搪瓷壶里沸腾，您坐在灶前与我笑语。茶水兑在了搪瓷锅里，您抓起一把盐放在一个整葫芦所做的瓢里，把瓢伸在锅里一转悠，然后把一碗加工过的浓缩的牛奶和奶皮子倒在锅里，然后用葫芦瓢舀出一点茶水把牛奶碗一涮，最后再在锅里一搅。您的奶茶做好了，第一碗总是端在我的面前，有时候您还会用生硬的汉语说，"老王，泡！"我便兴致勃勃地把大馕或者小馕，把带着金黄的南瓜丝的包谷馕掰成小小的碎块，泡在奶茶里。最初，我不太习惯这种我以为是幼儿园里所采用的掰碎食物泡着吃的方法，是您慢慢地把我教会。看到我吃得很地道，而且从来不浪费一粒馕渣儿的时候，您是多么满意地笑起来了啊！如今，这一切还都历历在目呢。可您在哪里，您在哪里呢？青杨树叶的喧哗声啊，让我细细地听一听，那里边就没有阿帕呼唤她的"老王"的声音吗？

笔直的道路和水渠，整齐的成块的新居民点，有条有理，方便漂亮。60年代中期自治区党委提出的好条田、好林带、好道路、好渠道、好居民点的"五好"的要求，关于建设社会主义新农村的号召，如今在巴彦岱不是已经实现了吗？根据规划建设的要求，我和阿卜都拉合曼老爹、赫里倩姆老妈妈住过的小小的土房子已经拆掉了，现在是居民区的一条通道。当年，我曾住在他们的一间放东西的不到六平方米大的小库房里，墙上挂着一个面箩、九把扫帚和一张没有鞣过的小牛皮。最初我来到这个语言不通的地方，陪伴我的只有梁上的两只小燕子。我亲眼看见燕子做窝，孵卵，和后来他们怎样勤劳地哺喂着那些叽叽喳喳的小燕子。在小燕子学会飞翔的时候，我也已经向维吾尔农民的男、女、老、少（包括四五岁的孩子）学了不少的维吾尔语了。我们愈来愈熟悉、亲热了，同时，按照您们的古老而优美的说法，您们从燕子在我住下的小屋里筑巢这一点上，判定我是一个心地善良的人。于是，您们建议我搬到正屋里，和您们住在一起。我欣然接受了，从此，我们一起相聚许多年，我们的情感胜过了亲生父子。亲爱的燕子们哪，你们的后代可都平安？你们的子孙可仍在伊犁河谷的心地善良的农民家里筑巢繁衍？当曙色怡人的时候，你们可到这青杨树上款款飞翔？

阿卜都拉合曼老爹啊，我们又重逢了。在那些年，我把我的遭遇告诉了您们。您那天沉默了许久，您思索着，思索着，然后，您断然说："老王，不会老是这样子的，请想一想，一个国家，怎么能够没有诗人呢？没有诗人，一个国家还能算是一个国家吗？元首、官员、诗人，这是任何一个国家都不能或缺的。老王，放心吧，政策不会老是这个样子的。"您没有文化，您不会写自己的名字，您不懂汉语，没看过任何书，然而，您是坚定的。您用您自己的语言，表达了您的信心，对于常识，对于真理，对于客观规律总比任何人的个人意志为强的信心。如今，您的信心应验了：诗人、作家在我们的国家，受到了应有的关心和爱护。排斥诗人，废黜诗人的年代终于一去不复返了，而您，也已经老迈了……

还有二大队的支部书记阿西穆·玉素甫。1971 年，我离开巴彦岱前去乌鲁木齐“听候安排”的前夕，阿西穆同志对我说：“不要有什么顾虑，放心大胆地去吧！如果他们（指当时乌鲁木齐的有关部门）不需要你，我们需要你。如果他们不了解你，我们了解你。你随时可以带着全家回来，你需要户口准迁证，我这里时刻为你准备着。你需要房屋，我们可以立刻划出九分地，打好墙基。一切困难，我们解决。”这真是披肝沥胆，推心置腹！巴彦岱的父老兄弟呀，在我最困难的时候，您们给过我怎样巨大的支持和鼓励！古人说，“人生得一知己足矣”，而在巴彦岱，成百上千的贫下中农都是我的知己！在最困难的时候，最混乱的时候，我的心仍然是踏实的，我仍然比较乐观，我没有丧失生活的热情和勇气。至今有人称道我四十七八岁了还基本上没有白发，说我身体好。其实，我的青少年时期身体状况是很糟糕的，为什么经过了那么多动乱和考验以后，我反倒更结实也更精神了呢？那是因为你，你们——阿卜都拉合曼、伊斯哈克、阿西穆·玉素甫、阿卜都克里木、金国柱、艾姆杜拉、满苏尔艾山……你们支持我，帮助我，知己知心，亲如兄弟，你们给了我多少温暖和勇气！不是吗？当我来到四队庄子上，看望伊斯哈克老爹的时候，他激动得哭个不停。心连心，心换心啊！此意此情，夫复何求？

　　慢慢地在青杨掩映的乡村大路上前行吧，每一株树，每一个院落，每一扇木门，每一缕从馕坑里冒出来的柴烟，每一声狗叫和鸡鸣都会唤起我无限的怀念。清清的小渠啊，多少次来到你这里挑水？阿帕是贫寒的，她的水桶一个大一个小，她的扁担歪歪扭扭，严格说来那根本不能叫扁担，因为它一点也不扁，而是一根拧了麻花的细棍子。那东西压在肩膀上，才叫闹鬼呢，它好像随时要翻滚，要摆脱你的手心……就是这样，我用它挑了多少水啊，而当枯水季节，或者当小渠被不讲道德的个别户污染了的时候，我就要沿着田埂向北走上三百多米，从另一处渠头挑水了。

　　给房东大娘把水挑满，这也是党的传统，党的教育，党的胜利的源泉啊。我能够忘记吗？即使我住在冷热水龙头就在手边的地方，我能忘记这用麻花扁担挑着大小水桶走在巴彦岱的田野上的日子吗？

　　继续往前走，就是原来的大队部了。我不由得想起 1965 年和 1966 年，我们每天早晨天不亮就聚集在这里"天天读"的情景。我把"天天读"变成了学习维吾尔语的好机会，我认真地背诵着"老三篇"的维吾尔译文，并且背下了上百条"语录"译文。一方面作学生，一方面又担任教维吾尔新文字的"先生"，有许多个早上我在这里给大队干部教授拉丁化的维吾尔新文字。那 A、B、C、D 的齐声朗诵的声音，还在这里回响着吗？

　　当然，原来的大队部也使我想起那阴暗的日子，一阵"炮轰"以后的半瘫痪状态,"一打三反"时候的恐怖气氛……这些,已经成为往日的陈迹了。我会见了艾姆杜拉和司迪克,艾姆杜拉已经被落实了政策,担任巴彦岱中学的教员,一家十一口,也转为吃商品粮的了。"你现在和队上没有什么关系了么?"我问。"啊,如果我给队上缴一车肥料,队上就给我一车麦草。"他笑着说。而曾被捆绑和殴打过的司迪克呢,他骄傲地把他新盖的高台阶、宽前廊的房屋指给我看,还端来了自己栽植收获的葡萄、梨……劳动者的心地是最宽阔也是最厚道的,我们共同引用着维吾尔族的谚语:男子汉大丈夫总要经受各式各样的磨难的。沉重的回忆就这样被欢畅的笑声冲刷过去了……

巴彦岱的农民兄弟们,你们终于安定了,轻松了,明显地富裕起来了。曾是穷苦的光棍儿,孤儿出身的阿卜都克里木啊,你现在也有三间正房,上千元的存款,自行车、手表、驴车,并且饲养着牛、鹿、驴了。你包了十一亩菜地,和你的精明的妻子一起种植管理。当年多少次我曾经睡在你的独间土房里,睡在你那个只有架子,没有床板,用向日葵秆支持着我的身躯的歪歪扭扭的床上,共同诉说着生活的艰辛和期望啊!今天,我又睡到你这间房子里来了,你用伊犁大曲、爆牛肉、炒鸡蛋和煮饺子来招待我。曾经教会我扬场,自称是我的师傅的金国柱也来了,他拿着酒杯向我祝酒说:"如果不替我们说话,我们就把你拉下来!"善于经营理财的穆成昌也来了,问我:"农村的政策不会变吧?"为什么要变呢? 符合人民心愿的,有利于生产发展的政策,要靠我们自己来贯彻啊! 巴彦岱的各个大队，正在进一步落实责任制，把责任包到每户、每个劳动力身上，大家都说，真能这样搞下去，就会搞好了。难道可以不搞好吗？我们已经付出了那么多代价，那么多时间！

中秋刚过，明月出天山，天山上的月亮才是最亮、最无尘埃的啊！但愿我们的生活，我们每个人的心像天山上的明月一样光亮饱满。月光下的新居民点，房屋和庭园，属于社员个人的房前屋后的树木，堆积着的饲料，还有不时发出哞哞声的牛吼马嘶，显示出多少希望！过去大队干部为购买一辆货运卡车绞尽了脑汁，现在，大队已经拥有两辆这样的汽车了。过去收割的时候靠马拉机具和人工，现在主要靠康拜因了。过去轧场的时候靠马拉石子，现在主要靠手扶拖拉机了。过去粮食加工靠水磨，现在在拥有更大的水磨同时，电磨已经占据重要的位置了。过去送信时骑马，现在邮递员都备有崭新的挎斗摩托车了。过去谁家里有个半导体收音机就会引起轰动，现在，一些社员的家里已经有了收录两用机，有了沙发、大衣柜、五斗橱和捷克式写字台，还有的社员已经提前买下了电视机了（伊犁的电视台正在建设中）。不管有过多少挫折和失望，我们生活的洪流正像伊犁河水一样地滚滚向前！

我又来了。我又来到了这块美好的、边远的、亲切的和热气腾腾的土地上。愿已经与世长辞的赫里倩姆妈妈、斯拉穆老爹、阿吉老爹、穆萨子大哥们安息吧！愿年老的阿卜都拉合曼老爹、马穆提和泰外阔老爹们在公社的照料下安度晚年。愿还在工作岗位上的阿西穆、金国柱同志们实现自己的抱负，做出成绩！愿当年的小孩子，现在的青年人能过上远胜于上一代的更加富裕更加文明的生活！巴彦岱的一切，永远装在我的心里。

　　是的，我没有忘记巴彦岱，而巴彦岱的乡亲们也没有忘记我。当依斯麻尔见到我的时候，他不是立刻提醒我，当年，是我给他写的结婚请帖，我帮他上的房泥，而我也立刻回忆起，那时他的夏日茶棚不是在南面而是在北面，他曾经有过一头硕大的黄毛奶牛吗？当那时的小姑娘，现在的三个孩子的母亲塔西姑丽见到我的时候，不是立刻问候我的妻子和我的孩子们吗？当吐尔迪、穆成昌……许多人见到我的时候，不是还询问我的那辆因破烂而在巴彦岱有名的自行车和黄棉衣的下落吗？他们不是绘声绘形地回忆起我在哪块地上锄草，在哪块地上收割，怎样洒粪，怎样装车吗？无怪乎曾经担任大队会计、现在担任公社财会辅导员的小阿卜都拉合曼库尔班对我说："我不知道王蒙哥是不是一位作家，我只知道你是巴彦岱的一个农民。"没有比这更好的褒奖了！好好地回忆一下那青春的年华，沉重的考验，农民的情谊，父老的教诲，辛勤的汗水和养育着我的天山脚下伊犁河谷的土地吧！有生之日，一息尚存，我不能辜负你们，我不能背叛你们，不管前面还有什么样的胜利或者失败的考验，我的心是踏实的。我将带着长逝者的坟墓上的青草的气息，杨树林的挺拔的身影与多情的絮语，汽车喇叭、马脖子上的铜铃、拖拉机的发动机的混合音响，带着对于维吾尔老者的银须、姑娘的耳环、葡萄架下的红毡与剖开的西瓜的鲜丽的美好的记忆，带着相逢时候欣喜与慨叹交织的泪花，分手时的真诚的祝愿与"下次再来"的保证，带着巴彦岱人的盛情、慰勉和告诫，带着这知我爱我的巴彦岱的一切影形声气，这巴彦岱的心离去，不论走到天涯海角……

1982 年 1 月 11 日

责任编辑：刘敬文

装帧设计：林芝玉

图书在版编目（CIP）数据

王蒙 "放逐" 新疆十六年

方蕤 著 . —— 北京：东方出版社，1994.10（2021.1 重印）

ISBN 978 - 7 - 5060 - 0538 - 8

I. ①王…

II. ①方…

III. ①王蒙 - 生平事迹

IV. ① K825.6

王蒙 "放逐" 新疆十六年

WANG MENG "FANGZHU" XINJIANG SHILIU NIAN

方蕤 著

东方出版社 出版发行

（100120 北京市西城区北三环中路 6 号）

中煤（北京）印务有限公司 新华书店经销

1995 年 10 月第 1 版 2021 年 1 月北京第 3 次印刷

开本：710 毫米 × 1000 毫米 1/16 印张：21.25 插页：7

字数：211 千字

ISBN 978 - 7 - 5060 - 0538 - 8 定价：45.00 元

人民东方出版传媒有限公司

发行电话（010）85924663 85924644 85924641